Holt Spanish 1

Cuaderno de actividades

HOLT, RINEHART AND WINSTON

A Harcourt Education Company

Orlando • **Austin** • New York • San Diego • Toronto • London

Reviewer
Mayanne Wright

ISBN 0-03-074466-0

19   170   09 08

Table of Contents

1 Trisha is talking to a new student at school. Match each thing that Trisha says (in the left column) with an appropriate response (in the right column). Use each response only once.

_____ **1.** Me llamo Trisha.

_____ **2.** ¿Cómo te llamas?

_____ **3.** ¿Cómo estás?

_____ **4.** ¿De dónde eres?

_____ **5.** ¿Quién es él?

_____ **6.** Hasta luego.

> **a.** Nos vemos.
> **b.** Soy de México.
> **c.** Él es mi profesor de español.
> **d.** Mucho gusto.
> **e.** Estoy bien, gracias.
> **f.** Me llamo Rosario.

2 Look at the drawing that goes with each sentence and tell whether the sentence is **cierto** *(true)* or **falso** *(false)*. The first one has been done for you.

1. Estoy regular. **2.** Estoy más o menos. **3.** Estoy bien. **4.** Estoy mal.
  cierto _____ _____ _____

3 Unscramble the following words to make sentences. Be sure to add punctuation and capitalize words when appropriate.

MODELO compañera / Alisha / de clase / es una
  Alisha es una compañera de clase.

1. es / ésta / la señorita White _____

2. señor / días / buenos _____

3. es / la muchacha / quién _____

4. un amigo / es / él / Chile / de _____

5. estudiante / es / Kamal _____

VOCABULARIO 1/GRAMÁTICA 1

4 Complete the following conversations by providing the missing sentences.

Señor Ricci	(1)_____
Señora Flores	Me llamo Carmen Flores.
Señora Sol	Hola, Christian. (2)_____
Christian	Estoy bien.
Olga	Éste es Jamal.
Jamal	Encantado.
Pablo	(3)_____
Amber	Buenas tardes, señora Ríos. (4)_____
Señora Ríos	Estoy bien, gracias. ¿Y tú?
Grace	(5)_____
Whitney	Ella es mi mejor amiga.

5 Write an additional sentence about each of the following people, using the information given in parentheses. Use the correct subject pronoun to replace the person's name.

MODELO Éste es Ricardo. (estudiante)
Él es estudiante.

1. Ésta es Lucía. (mi amiga)

_____

2. Éste es Marcos. (un compañero de clase)

_____

3. Ésta es Mirta. (de Cuba)

_____

4. Éste es el señor Sosa. (mi profesor de ciencias)

_____

6 John is introducing himself and his friend Pedro to their teacher on the first day of school. Complete their conversation by filling in the missing phrases.

John	Buenos días, señor Amal. Me llamo **(1)** _____
Señor Amal	**(2)** _____
John	Igualmente. **(3)** _____
Señor Amal	¿Cómo estás, Pedro?
Pedro	**(4)** _____
Señor Amal	**(5)** _____

7 Mauro is answering Mr. Garza's questions about some of the people at school. Provide Mauro's responses, using the appropriate subject pronouns.

MODELO ¿De dónde es Maribel? (Argentina) **Ella es de Argentina.**

1. ¿Quién es la muchacha? (María) _____

2. ¿Quién es el muchacho? (Chepe) _____

3. ¿Cómo se llama la muchacha? (Gina) _____

4. ¿De dónde es usted? (México) _____

8 Solve the following crossword puzzle by writing the Spanish pronouns you would use to replace the names and pronouns. Use unaccented capital letters to fill in crossword puzzles in Spanish. The first one has been done for you.

HORIZONTAL

3. Carlos y Yolanda

5. Laura y Jessica

6. Marisol, Juan y tú
   (in Spain)

VERTICAL

1. Rodney

2. Mary, Leroy y tú

3. mi amiga Juana

4. Roberto y yo

¡Empecemos!

9 Imagine that you are going to Spain on vacation. Answer the following questions.

1. Where would you go to see large buildings and monuments?

    _____

2. Where would you go to enjoy a typical **feria?** _____

3. Spain is surrounded by water on three sides. If you were on the western coast, what ocean could you swim in? _____

4. If you were on the eastern coast, where could you swim?

    _____

5. If you stood on the southern tip of Spain, what country would be the closest?

    _____

6. If you traveled north and crossed the Pyrenees, what country would you find yourself in? _____

10 If you were touring Spain with someone interested in architecture, what places would you visit and why? Write a mini-essay in English. Be sure to name at least three places.

_____

_____

_____

_____

_____

_____

_____

11 Spanish-speaking people have different ways of addressing each other. State whether the following statements are **cierto** *(true)* or **falso** *(false)*.

_____ 1. A teenager would probably address his young friend **Rosa** as **doña Rosa.**

_____ 2. Someone nicknamed **Jorgito** probably has the formal name of **Jorge.**

_____ 3. **Señor Cristancho** could be called **don Cristancho.**

_____ 4. **Señora Acelas** and **doña Carmen** could be the same person.

_____ 5. A nickname for **Sara** would be **Sarita.**

4

¡Empecemos!

CAPÍTULO **1**

VOCABULARIO 2/GRAMÁTICA 2

12 Write a question for each of the following answers.

MODELO Es el veinte de septiembre. **¿Qué fecha es hoy?**

1. Es dos-veintitrés-cero-cuatro-quince. _____
2. Se escribe ene-o-che-e. _____
3. Es Klaus5@car.net. _____
4. Es el primero de enero. _____
5. Hoy es domingo. _____
6. Es medianoche. _____

13 After each group of words, write the word that doesn't belong in that group.

MODELO enero   octubre   miércoles   **miércoles**

1. viernes   junio   jueves   _____
2. sábado   septiembre   diciembre   _____
3. marzo   martes   noviembre   _____
4. febrero   agosto   domingo   _____
5. sábado   abril   lunes   _____

14 Write sentences in Spanish to tell what the following dates are.

MODELO U.S. Independence Day **Es el cuatro de julio.**

1. New Year's Day _____
2. Your birthday _____
3. Today's date _____
4. April Fool's Day _____
5. Valentine's Day _____

15 Your study-group pals are giving you their phone numbers so you can make a contact list. Write the telephone numbers they give you in numerals.

MODELO cinco-veintiocho-veinte-trece **5-28-20-13**

1. siete-treinta y uno-veintitrés-treinta _____
2. ocho-veintiséis-dieciocho-quince _____
3. cuatro-veintinueve-once-veintiuno _____
4. seis-veintidós-doce-cero-tres _____

(5)

VOCABULARIO 2/GRAMÁTICA 2

16 Look at the following illustrations and write in Spanish what time is displayed on each watch. Write in complete sentences and don't forget to include time of day when appropriate.

MODELO Son las seis de la mañana.

6:00 AM

1. _____   1. 1:00 PM

2. _____   2. 10:15 PM

3. _____   3. 7:30 AM

4. _____   4. 2:50 PM

5. _____   5. 12:00 PM

17 Use correct forms of **ser** to complete Elena's e-mail about the Spanish Conversation Club.

Hola, Alberto. Yo (**1**)_____ Elena Belos. En el club de español nosotros

(**2**)_____ siete estudiantes. Edgar y Chico (**3**)_____ de

Colombia. Mi amiga Lucía (**4**)_____ de Puerto Rico. Tú (**5**)_____

de Bolivia, ¿no? Los muchachos (**6**)_____ de 9° grado (*ninth grade*).

Las muchachas y yo (**7**)_____ de 8° grado.

18 Spell each item below in Spanish.

    1. your teacher's name _____

    2. your favorite singer's name _____

    3. the city or town where you live _____

19 When you printed your Spanish homework, the font was converted to all capitals and the punctuation disappeared. Rewrite the same sentences in capitals and lowercase letters using the correct punctuation, accents, and tildes.

    1. QUIEN ES EL _____

    2. QUE DIA ES HOY _____

    3. COMO SE ESCRIBE SENOR _____

    4. QUE TAL _____

    5. HASTA LUEGO _____

20 Write a brief note about yourself. Give the date and time; then state your name, where you are from, your telephone number, and your e-mail address. Be sure to use complete sentences.

_____

_____

_____

_____

_____

_____

21 Solve the following crossword puzzle by writing the Spanish words that are described in the clues below. Fill in the puzzle with unaccented capital letters.

HORIZONTAL

6. A word a man might use when introduced to someone

8. 12:00 P.M.

9. Number of fingers on one hand

10. The last day of class before the weekend

11. Nighttime

12. The day that comes after Wednesday

VERTICAL

1. The last month of the year

2. Singular form of *you,* formal

3. 12:00 A.M.

4. In this month, Mother's Day is celebrated in the U.S.

5. *Good-bye*

7. Number of months in a year

¡Empecemos!

22 The students in Mrs. Acevedo's Spanish class have recently started corresponding with students from a school in Spain as a class project. Read Óscar's introduction of himself and answer the questions that follow in English.

> lunes, el 25 de agosto
>
> ¡Hola!
>
> ¿Cómo estás? Me llamo Óscar y soy de San Antonio, Texas. Soy estudiante de español. Mi profesora se llama Carmen Acevedo y es de Madrid. Somos treinta estudiantes en la clase. Dos muchachas son de Corea y un muchacho es de Vietnam. Hay *(There are)* dos muchachas de Europa. Una es de Francia y una es de Portugal. Pablo, mi mejor amigo, también *(also)* es estudiante de español. Él es de California. Otro compañero es Esteban, un muchacho de Alaska. ¡Somos amigos de diferentes culturas! Mi correo electrónico es oscar@mail.net.
>
> Son las cinco menos cinco de la tarde. Tengo que irme.
>
> ¡Hasta luego!
> Óscar

    1. What day does Óscar send his letter?

_____

    2. How many students in the class come from foreign countries?

_____

    3. What countries are the European students from?

_____

    4. Who is Óscar's best friend?

_____

    5. Why does Óscar think his Spanish class is interesting?

_____

    6. What time is it when Óscar finishes his letter?

_____

¡Empecemos!

23 Below are several short conversations. Indicate the correct order for each set of sentences by numbering them. The first one has been done for you.

1. __3__ Igualmente.

__2__ Encantada.

__1__ Ella es mi mejor amiga.

2. ____ Tengo que irme.

____ Son las cinco menos cuarto.

____ ¿Qué hora es?

____ Hasta pronto.

3. ____ Estoy bien, gracias. ¿Y tú?

____ Hola. ¿Cómo estás?

____ Estoy regular.

4. ____ Soy de Panamá.

____ Me llamo Alan. Encantado.

____ ¿De dónde eres?

____ Hola. Soy Jacinta. ¿Cómo te llamas?

24 Choose the logical response for each of the following questions. Write the letter of your answer on the line provided.

____ 1. ¿Quién es él?
   a. Es mi amigo Juan.   **b.** Es de Puerto Rico.   **c.** Es la una de la tarde.

____ 2. ¿Cómo te llamas?
   a. Te llamas Adriana.   **b.** Soy Yoko.   **c.** Es Aminata.

____ 3. ¿Qué fecha es hoy?
   a. Hoy es martes.   **b.** Es treinta y uno.   **c.** Es el cinco de abril.

____ 4. ¿De dónde es Eva?
   a. Sois de España.   **b.** Es de México.   **c.** Eres de Ecuador.

____ 5. ¿Qué hora es?
   a. Es mediodía.   **b.** Es el 2 de agosto.   **c.** Hoy es martes.

25 Write a conversation using all the expressions in the box.

¿Cómo... ?	estudiante	¿De dónde...?	Soy de...
eres	me llamo	Buenos días.	Adiós.

_____

_____

_____

_____

_____

_____

_____

INTEGRACIÓN

26 Write complete sentences to tell what time you think it is in each of the following illustrations. Be sure to include the time of day (morning, afternoon, etc.) in your responses. The first one has been done for you.

1. **Es mediodía.** _____ 2. _____ 3. _____

_____ _____

4. _____ 5. _____

_____ _____

27 Write a short paragraph to your new pen pal in Peru. Introduce yourself. Then tell where you are from, your e-mail address, and who your best friend is. Also, ask your pen pal at least one question.

_____

_____

_____

_____

_____

_____

_____

_____

_____

_____

10

A conocernos

VOCABULARIO 1/GRAMÁTICA 1

1 Darlene is asking questions about some of your classmates. Match each of her questions to a logical answer.

_____ **1.** ¿Cómo es Mateo?

_____ **2.** ¿Cómo sois vosotras?

_____ **3.** ¿Ellas son intelectuales?

_____ **4.** ¿Y tú? ¿Cómo eres?

_____ **5.** ¿Cómo son Jon y Lucas?

_____ **6.** ¿Cómo es Laura?

> **a.** Son altos.
> **b.** Es romántica.
> **c.** Soy trabajador(a).
> **d.** Es guapo y simpático.
> **e.** Sí, y son bastante inteligentes.
> **f.** Somos serias.

2 Write two sentences to describe each of the people in Mirta's picture album. The first sentence should say what the person is like, and the second should say what he or she is *not* like.

MODELO Jimmy

   Jimmy es simpático. No es antipático.

1. Marcela

_____

_____

2. el señor Varela

_____

_____

3. Linda

_____

_____

VOCABULARIO 1/GRAMÁTICA 1

3 Britney and Silvia are talking about a new student. Fill in the blanks in the following conversation.

Britney (1)_____

  Silvia Bruce es muy simpático.

Britney (2)_____

  Silvia No. Él es bastante extrovertido.

Britney (3)_____

  Silvia Tiene dieciséis años.

4 María and Anita are opposites in many ways. Read the paragraph below and write a description of Anita by changing the name and substituting new adjectives for the ones numbered.

María es (**1**) **baja** y es (**2**) **morena.** También es muy (**3**) **extrovertida** y bastante (**4**) **tonta.** Ella no es (**5**) **antipática.** Es (**6**) **perezosa** pero (**7**) **cómica.**

_____

_____

5 Tyler is preparing a list with the birthdates of family members. Next to each date, he wrote how old that person is. Write out the ages in Spanish.

  1. Mamá, 23 de junio, 47 años _____

  2. Papá, 20 de febrero, 53 años _____

  3. Lourdes, 13 de mayo, 61 años _____

  4. Juan, 8 de septiembre, 35 años _____

  5. Tío Octavio, 2 de enero, 74 años _____

  6. Abuelita, 12 de abril, 82 años _____

  7. Abuelo Rogelio, 7 de noviembre, 96 años _____

6 Luis is interviewing Isabela for the school newspaper. Write the questions he asks for each response that Isabela gives.

  MODELO Me llamo Isabela Britos. **¿Cómo te llamas?**

  1. Tengo quince años. _____

  2. Mi cumpleaños es el 3 de octubre. _____

  3. Mi mejor amiga es Meg Ames. _____

  4. Soy activa y atlética. _____

  5. No. Soy bastante tímida. _____

VOCABULARIO 1/GRAMÁTICA 1

7 Read the following paragraph that Ted wrote about his Spanish class. Then answer the questions in Spanish, using complete sentences.

Me llamo Ted y soy un estudiante de California. Tengo quince años. El señor Gómez es mi profesor de español. Él es muy inteligente. Sasha y Uriel son mis amigos. Ellos son extrovertidos. Uriel es gracioso y Sasha es intelectual. El cumpleaños de Sasha es el trece de mayo. Él tiene dieciséis años. Mis compañeras de clase son Lisa y Daniela. Ellas son muy activas y bonitas. Lisa es rubia y Daniela es morena.

1. ¿De dónde es Ted? _____

2. ¿Cuántos años tiene Ted? _____

3. ¿El señor Gómez es inteligente? _____

4. ¿Quiénes son los amigos de Ted? _____

5. ¿Cómo es Uriel? _____

6. ¿Cuál es el muchacho intelectual? _____

7. ¿Cuándo es el cumpleaños de Sasha? _____

8. ¿Lisa es activa y morena? _____

8 Solve the following crossword puzzle by filling in the appropriate adjectives in Spanish. Use unaccented capital letters.

HORIZONTAL

1. *Foolish, silly*
5. A girl with dark hair
6. She is very shy.
7. *Handsome* (plural)
9. People who don't like to be still
10. A basketball player needs to be like this.

VERTICAL

2. *Hard-working* (feminine)
3. *Pretty*
4. *Serious* (plural)
8. She is not very tall.

13

A conocernos

9 People in Spanish-speaking countries have expressions for describing people according to their skin and hair color. Based on your knowledge of this aspect of culture, say whether the following statements are true or false. If a statement is false, correct it on the lines that follow.

1. Héctor Chávez has light skin and sandy-blond hair. In Puerto Rico he would probably be described as **güero.** _____

_____

2. Ximena is a brunette with olive-colored skin and black hair. Her Latin American friends might say she is **trigueña.** _____

_____

3. Mayte has dark hair and light brown skin. Her driver's license probably has the word **trigueña** or **rubia** on it. _____

_____

10 Say whether each of the following statements about Puerto Rico is **cierto** *(true)* or **falso** *(false).*

_____ 1. In most Latin American countries, the legal voting and driving age is 16.

_____ 2. Puerto Rico's national sport is baseball.

_____ 3. The **Parque Nacional El Yunque** is a large amusement park.

_____ 4. **Pollo frito con tostones** is a typical Puerto Rican dish.

_____ 5. The national currency in Puerto Rico is the **dollar.**

_____ 6. **El Moreno** is the name of a famous Spanish fortress in Puerto Rico.

11 What kind of music do you generally listen to? Are you familiar with **salsa?** Describe the origins of salsa as a blend of two music types. Name one instrument used in playing salsa and one Puerto Rican musician who has helped make salsa popular worldwide.

_____

_____

_____

_____

_____

_____

12 The people below are expressing their feelings about certain things. Match each picture with an appropriate statement from the list on the left.

a.

b.

c.

_____ **1.** ¡Es delicioso!

_____ **2.** Es bastante malo.

_____ **3.** ¡Es formidable!

_____ **4.** Es pésimo.

_____ **5.** Es muy divertido.

d.

e.

13 Choose the best noun to complete each sentence.

_____ **1.** Clara es tímida. No le gustan ___.
    a. las hamburguesas   **b.** los carros   **c.** las fiestas

_____ **2.** Saúl es inteligente. Le gusta mucho ___.
    a. el ajedrez   **b.** el helado   **c.** las verduras

_____ **3.** Graciela es muy seria. Le gustan ___.
    a. los libros   **b.** los animales   **c.** los videojuegos

_____ **4.** Felipe es bastante activo. Le gustan ___.
    a. las películas   **b.** los deportes   **c.** las frutas

14 Use the following expressions to describe things that you like or don't like in complete sentences.

bastante bueno	horrible	divertido	algo interesante	fenomenal

1. _____

2. _____

3. _____

4. _____

5. _____

15 Read the following notes Sandra took while conducting a survey of her classmates' likes and dislikes. Write statements to summarize her findings in complete sentences.

MODELO Marisa / animales / no **A Marisa no le gustan los animales.**

1. Julio y Héctor / música rock / no

_____

2. Susana / libros de misterio / no

_____

3. Vivian y Brent / pizza / no

_____

4. Karl / películas de terror / sí

_____

5. Jackie / helado / sí

_____

16 You want to spend some time with your friends, so you ask them what they enjoy doing. Based on the pictures below, write the question you would ask each person or group of people.

MODELO Tú **¿Te gustan los deportes?**

1. Tú _____   2. Tú _____

3. Ustedes _____   4. Vosotros _____

(16)

VOCABULARIO 2/GRAMÁTICA 2

17 Ariel loves Mexican food. Chavita prefers Italian. Jacinto only likes Chinese food, and Chucho thinks they are all just as good. What might each of them say if you suggested going for tacos?

Ariel _____

Chavita _____

Jacinto _____

Chucho _____

18 Write a sentence in Spanish to say whether you like or dislike the following things and why.

MODELO Las verduras **Me gustan las verduras porque son bastante buenas.**

1. La música clásica _____

2. Las fiestas de cumpleaños _____

3. Los libros de terror _____

4. Las películas _____

19 Write a question for each of the following answers.

MODELO Me gustan más las fiestas. **¿Te gustan más los deportes o las fiestas?**

1. Porque son divertidas. _____

2. A mí me gusta. _____

3. No, no le gustan. _____

4. Porque son fenomenales. _____

5. A Tony y a Juan les gusta. _____

20 Read the note your cousin wrote about her likes and dislikes and then write your own below on the same topic. Write at least five sentences about yourself.

> Me gusta mucho la pizza. También me gusta el helado. Pero *(but)* no me gustan las verduras. Son pésimas. Me gustan más las frutas porque son buenas. La comida china me da igual.

_____

_____

_____

_____

_____

Holt Spanish 1

Cuaderno de actividades

A conocernos

21 Read the following entry in Ariana's diary and then say whether each statement about it is **cierto** *(true)* or **falso** *(false)*.

> Lunes, veintidós de septiembre. Hoy llegó Peter, mi nuevo *(new)* compañero de clase. Él es alto, pelirrojo, atlético y divertido. Tiene dieciséis años y no es de Nueva York. Es de Texas. A Peter le gustan las películas de misterio y le gusta bailar *(to dance)* salsa. También le gustan las fiestas divertidas. No le gusta la comida italiana pero le gustan mucho las hamburguesas. Peter es bastante activo. Le gustan los deportes pero no le gustan los videojuegos. No le gustan los libros de ciencia ficción porque son aburridos.

_____ **1.** Peter es alto y divertido.

_____ **2.** Peter es de Nueva York.

_____ **3.** A Peter le gusta la música salsa.

_____ **4.** Peter es un poco perezoso.

_____ **5.** A Peter le gustan mucho los videojuegos.

22 Read the following invitation. Then answer the questions below in English.

> ¿Te gusta la música mexicana?
> ¿Tienes quince o dieciséis años?
> Ven al Club Amigos de México.
> Hay películas mexicanas y fiestas todos los sábados.
> ¡BUENA MÚSICA! ¡COMIDA MEXICANA DELICIOSA!
> Cuándo: sábado a las 5:30 P.M.
> Dónde: en la cafetería del Colegio Mountainview.
> ¡Nos vemos!

1. Who is making this invitation? _____

2. What ages are the members of the club? _____

3. What attraction(s) will there be at the party? _____

4. What activities does the club offer every Saturday? _____

_____

5. Where is the party going to be? _____

_____

(18)

CAPÍTULO

2

INTEGRACIÓN

A conocernos

23 Match the descriptions in the left column with the statements made by the people about themselves in the right column.

_____ **1.** Éste es Francisco. Es de España. Es alto, moreno y bastante atlético. Tiene catorce años.

_____ **2.** Éste es el señor Méndez. Él no es muy activo pero *(but)* es muy inteligente.

_____ **3.** Éste es mi mejor amigo. Se llama Édgar. Él es muy extrovertido.

_____ **4.** Ésta es Dora. Es una compañera de colegio. Ella es de Italia.

a. Yo soy estudiante. Me gustan mucho la pasta y la pizza.
b. Yo no soy rubio. Me gustan mucho los deportes. ¿Os gustan los deportes también?
c. Yo soy profesor. Me gustan los libros y las películas, pero no me gustan los deportes.
d. Yo no soy tímido. Me gustan las fiestas y la música salsa.

24 Write a question for each answer below.

MODELO Me llamo Carlos. **¿Cómo te llamas?**

1. Mi cumpleaños es el 17 de julio. _____

2. Hoy es el 19 de abril. _____

3. Mi correo electrónico es sandra@micolegio.com. _____

_____

4. Sí, me gusta mucho. _____

5. Me gustan los animales porque son bonitos. _____

_____

25 Read the following paragraph written by Milena to her pen pal. Then write five sentences about yourself.

Hola, me llamo Milena. Tengo quince años y soy de Nueva York. Mi cumpleaños es el treinta de septiembre. Mi teléfono es cuatro-setenta y seis-noventa y uno-cincuenta. Mi correo electrónico es mile@correo.com.

_____

_____

_____

_____

INTEGRACIÓN

26 Read the following note written by an exchange student in Texas. Then answer the questions below in Spanish. Be sure to write out any numbers.

> Hoy es el 26 de diciembre. ¡El colegio en Texas es formidable! Somos veintidós estudiantes en la clase de español. Los muchachos son simpáticos y los profesores son muy inteligentes. Mi mejor amigo se llama Juan. Tiene 16 años. Es moreno y muy gracioso.

  1. ¿Qué fecha es? _____

  2. ¿El colegio en Texas es muy bueno? _____

  3. ¿Quiénes son inteligentes? _____

  4. ¿Cuántos años tiene Juan? _____

  5. ¿Cómo es Juan? _____

27 You and your friends are talking with someone new. Write the correct forms of **ser** to complete the following conversation.

Marcela Hola. Ariana y yo **(1)**_____ de Texas. Pepe **(2)**_____ de México y Juana de Perú. Y tú, ¿de dónde **(3)**_____?

Pablo Yo **(4)**_____ de Puerto Rico y me llamo Pablo.

Marcela Mucho gusto, Pablo.

Ariana ¿De dónde **(5)**_____ tu amigo?

Pablo Él **(6)**_____ de Nicaragua.

Marcela ¿Qué hora **(7)**_____?

Ariana **(8)**_____ las 8:30. **(9)**_____ hora de ir *(time to go)* a clase.

28 Imagine your ideal friend. Write a paragraph that describes your friend in Spanish. Be sure to include the following pieces of information: what your friend looks like, what his or her personality is like, his or her age and birthday, and some things that he or she likes.

_____

_____

_____

_____

_____

_____

20

¿Qué te gusta hacer?

1 Complete the conversation between Valentina and her friend with the correct pronouns.

—Valentina, qué ¿(1)_____ gusta hacer?

—(2)_____ gusta leer y estudiar.

—Hans y yo vamos al cine. ¿Quieres ir con (3)_____?

—Me gusta el cine pero *(but)* no voy con (4)_____ hoy. Tengo que hacer la tarea.

—A (5)_____ no me gusta hacer la tarea por la tarde.

—¿A (6)_____ no les gusta estudiar?

—Sí, pero (7)_____ gusta más el cine.

2 There are eight names of activities hidden in the word search below. See how many you can find. One has already been circled to help you get started.

```
(B Á S Q U E T B O L) E P B
 S T H I V I O Á J X N R É
 O N A D A R M I E I J L I
 C Q A P A S E A R L Q R S
 A Y O T V É Í B U T Ñ A B
 N G L E E R A R J F Y M O
 T U S D I B U J A R L Í L
 A D L Q A Z V I D F B O É
 R F G J U G C O M E R V H
```

3 For each picture write a sentence saying whether or not you like to do that activity and with whom. The first one has been done for you.

  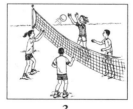 

| 1 | 2 | 3 | 4 |

1. **Me gusta ir al cine con mi familia.** _____

2. _____

3. _____

4. _____

4 Say what the people below like, based on what they want to do. Use stress pronouns and the words in the box.

los juegos de mesa	**pasar el rato solo(a)**	**ir de compras**
salir	**los libros**	**los deportes**

MODELO Manolo quiere jugar al fútbol y al tenis.
    A él le gustan los deportes.

1. Usted quiere leer.

   _____

2. Tú quieres jugar al Scrabble™ y al ajedrez.

   _____

3. Melina y yo queremos ir al centro comercial.

   _____

4. Ellas quieren ir al cine y pasear.

   _____

5. Yo quiero escribir cartas y escuchar música.

   _____

5 Elsa and Norma are making plans for Friday night. Match each thing that Elsa says (in the left column) with an appropriate response from Norma (in the right column). Use each response only once.

_____ 1. ¿Qué quieres hacer el viernes?	**a.** Quiero patinar con las amigas.
_____ 2. ¿Quieres alquilar videos?	**b.** A mí me gusta hacer ejercicio.
_____ 3. ¿Qué te gusta hacer?	**c.** Ni idea.
_____ 4. ¿Quieres patinar?	**d.** Está bien.
_____ 5. ¿Con quién quieres patinar?	**e.** No, porque no me gustan las películas.

6 Enrique wants to go out tonight. Use the correct form of **querer** to complete the e-mail he sent to some of his friends.

Hola, ¿ustedes **(1)**_____ ir al cine? Rodolfo y Julián **(2)**_____

ver una película de aventuras. Laura no **(3)**_____ ir pero yo sí

(4)_____ verla (see it). Javier, ¿qué película **(5)**_____ ver?

Después del (After the) cine, Julián y yo **(6)**_____ comer tacos. ¿Nos

vemos esta noche?

22

VOCABULARIO 1/GRAMÁTICA 1

7 Leonardo likes to do the same things his friends do. Use pronouns to say with whom he wants to do each activity.

MODELO Juan quiere hacer ejercicio.
Leonardo quiere hacer ejercicio con él.

1. Tú quieres ver televisión.

_____

2. Sarita quiere hacer la tarea.

_____

3. Tú y Elsa quieren nadar.

_____

4. Ben y Edgar quieren correr.

_____

5. Yo quiero ir al centro comercial.

_____

6. Raquel y yo queremos alquilar videos.

_____

7. Óscar y Luis quieren pasear.

_____

8 Answer the following questions about yourself in complete sentences.

1. ¿Qué te gusta hacer después del colegio *(after school)*?

_____

2. ¿Te gusta montar en bicicleta?

_____

3. ¿Con quién te gusta ir al cine?

_____

4. ¿Quieres jugar al fútbol americano con tu familia?

_____

5. ¿A ti te gusta navegar por Internet?

_____

¿Qué te gusta hacer?

9 Suppose you are attending school in a Latin American country. Answer the following questions based on your experiences there.

1. Where would you go to join a swimming team? _____

2. If you invited some Latin American friends out to dinner, who would probably pay the bill? _____

3. If you go out for dinner **"a la americana,"** who is expected to pay the bill?

   _____

4. If you were going out with some new friends for the first time, what would you expect them to do before going out? _____

5. What is a good way of splitting expenses evenly with your Latin American friends? _____

10 Choose the correct word to complete each sentence about Texas.

_____ 1. Texan food is influenced by ____ cuisine.
   a. Californian   **b.** Mexican   **c.** Spanish

_____ 2. The river that separates Texas and Mexico is called the ____.
   a. Nueces   **b.** Sabine   **c.** Río Grande

_____ 3. One of the six governments that have ruled Texas is ____.
   a. Spain   **b.** Canada   **c.** Portugal

_____ 4. The convent of the Misión de San José is in the city of ____.
   a. San Antonio   **b.** El Paso   **c.** Refugio

_____ 5. Luis Jiménez is a ____ who created the work *Vaquero*.
   a. composer   **b.** sculptor   **c.** painter

11 How do Mexican culture and traditions enrich the life of Texans? Write a paragraph in English that details the Mexican influence on Texas art, cuisine, and general way of living.

_____

_____

_____

_____

_____

_____

_____

_____

_____

  24

¿Qué te gusta hacer?

VOCABULARIO 2/GRAMÁTICA 2

12 Felipe and his friends are talking about things they do on weekends. Conjugate the verbs in parentheses to complete their conversation.

1. Yo siempre _____ (descansar) los fines de semana.

2. David y yo _____ (hablar) por teléfono.

3. Tú a veces _____ (estudiar) los viernes por la tarde.

4. Ustedes _____ (practicar) deportes los domingos.

5. Dora y tú _____ (tocar) el piano los fines de semana.

6. Tu nunca _____ (patinar) los sábados.

13 Look at each of the following pictures. Then, for each one, answer the question **¿Qué tiempo hace?**

    1   2   3   4

1. _____

2. _____

3. _____

4. _____

14 Write a sentence to say where the people below go to do each of the following things.

MODELO (Rebeca / practicar deportes)
         Para *(to)* practicar deportes, Rebeca va al parque.

1. (tú / estudiar con el profesor)

_____

2. (Saulo / trabajar)

_____

3. (yo / ver televisión con mi amigo)

_____

VOCABULARIO 2/GRAMÁTICA 2

15 Miguel, an exchange student from Guatemala, wants to know how young people in the United States spend their time. Write a response to each of his questions. Make sure you write how often you do each thing.

MODELO ¿Qué te gusta hacer los fines de semana?
Los fines de semana casi siempre me gusta salir.

1. ¿Qué haces los domingos?

_____

2. ¿Con qué frecuencia practicas deportes?

_____

3. ¿Te gusta salir al cine con amigos?

_____

4. ¿Qué te gusta hacer cuando hace buen tiempo?

_____

5. ¿Tú trabajas todos los días?

_____

16 Use one expression from each column to tell where you are going to go to do each thing. Be sure to start each sentence with **Voy a…** and use each phrase at least once.

MODELO **Voy al colegio a estudiar.**

el parque	jugar al fútbol
la piscina	tocar el piano
el entrenamiento	pasear
la cafetería	bailar
las fiestas	nadar
los ensayos	comer

1. _____
2. _____
3. _____
4. _____
5. _____
6. _____

VOCABULARIO 2/GRAMÁTICA 2

17 Mélida is explaining to her mom what she and her classmates like to do after school. Complete her sentences with the correct forms of **jugar** or **ir.**

Después de clases mis compañeros y yo hacemos muchas cosas. Los

muchachos siempre **(1)**_____ (jugar) al fútbol. Mis amigas y yo

(2)_____ (jugar) al tenis. Yo siempre **(3)**_____ (jugar) pero a

Beatriz no le gusta el tenis. Ella nunca **(4)**_____ (jugar). A ella le gusta

salir con amigas. A veces Beatriz **(5)**_____ (ir) al centro comercial con

Raquel. Ellas también **(6)**_____ (ir) a la reunión del club de español.

Yo casi siempre **(7)**_____ (ir) a la reunión del club, pero a veces Megan

y yo **(8)**_____ (ir) al parque.

18 Answer the following questions using subject pronouns for emphasis.

MODELO ¿Alicia y tú juegan al tenis? **Ella siempre juega. Yo no juego.**

1. ¿Van ustedes al gimnasio?

_____

2. ¿Pedro y tú juegan al fútbol?

_____

3. ¿José y Camilo van al entrenamiento todos los días?

_____

4. ¿Adónde van tú y Olga?

_____

5. ¿Vas a patinar?

_____

6. ¿Édgar juega al tenis?

_____

19 Write complete sentences to say on what day of the week you go or don't go to the following places. Use the **modelo** as a guide.

MODELO el trabajo **Yo voy al trabajo los lunes.**

1. el cine _____

2. la playa _____

3. el entrenamiento _____

4. el parque _____

(27)

¿Qué te gusta hacer?

20 The Spanish teacher asked Viviana to tell the class about herself. Read her introduction, then write **cierto** or **falso** for each of the statements that follow, based on what you understood about Viviana.

Buenos días. Me llamo Viviana Allende y soy de Perú. Soy alta y atlética y muy trabajadora. Me gusta mucho hacer ejercicio y jugar al básquetbol y al volibol. No me gustan mucho los juegos de mesa. Cuando hace buen tiempo, voy con mi amiga Cleo al centro comercial. A veces vamos al cine pero casi siempre vamos de compras. Es muy divertido. Los fines de semana, cuando hace calor, casi siempre voy a la playa porque me gusta mucho nadar. Cuando hace frío, no voy a ninguna parte. Prefiero leer revistas y novelas. Pero me gusta más alquilar videos con mis amigos y amigas. ¿A quién le gusta pasar el rato solo?

_____ 1. Viviana es baja.

_____ 2. A Viviana le gustan los juegos de mesa.

_____ 3. Cuando hace sol, a Viviana le gusta ir al centro comercial.

_____ 4. A Viviana y a Cleo no les gusta ir de compras porque es aburrido.

_____ 5. Cuando hace calor, Viviana va a nadar.

_____ 6. Cuando hace frío, Viviana no quiere salir.

_____ 7. Viviana siempre quiere pasar el rato sola.

21 You got the following flyer from Esteban. Write him a note telling him why you want to take part in the club. Ask him for any additional information you need to get to the meeting.

Club de música
Música popular, clásica, jazz y folclórica
Reuniones a las 3:30

¿Te gusta escuchar buena música? ¿Quieres aprender de *(learn about)* música? ¿Quieres bailar, cantar o tocar el piano? Ven *(come)* al club de música. Vas a escuchar muchos tipos de música y vas a pasar un rato muy divertido. ¡Nos vemos!

_____

_____

_____

_____

_____

(28)

¿Qué te gusta hacer?

22 Look at the pictures below. Then say what the weather is like and give a logical date and time of day for each picture. The first one has been done for you.

| 1 | 2 | 3 | 4 |

1. **Llueve. Es el diez de mayo. Son las cuatro de la tarde.** _____

2. _____

3. _____

4. _____

23 Match the description each student gives (on the left) with the things he or she wants to do this weekend (on the right). Use each answer only once.

_____ **1.** Yo soy un poco perezoso. No soy muy atlético y me gusta pasar el rato solo.

_____ **2.** Yo soy bastante atlético. No me gustan las películas porque son aburridas pero el ejercicio es formidable.

_____ **3.** Yo soy pelirroja y muy activa. Me gusta ir de compras y salir con amigos.

_____ **4.** Yo soy un poco intelectual. Me gustan los libros y la música clásica. No me gusta el cine.

a. El sábado quiero ir al gimnasio y el domingo quiero montar en bicicleta.

b. El sábado por la noche voy a leer y el domingo quiero tocar el piano.

c. El viernes yo no voy a ninguna parte. Quiero ver televisión y descansar.

d. Quiero ir a pasear con Aura y José. Si llueve, quiero ir al centro comercial.

INTEGRACIÓN

24 Your friend is telling you about a new student at school. Write the question that you ask for each of the answers your friend gives you.

1. Sonia es de Nicaragua.

_____

2. Es inteligente y graciosa.

_____

3. Es sonia123@correo.com.

_____

4. A ella le gusta nadar y patinar.

_____

5. Con sus amigas.

_____

25 Write a conversation between two friends who are greeting each other. They talk about the types of movies they like and don't like and give their reasons. Then they decide to go to the movies on a certain day. After exchanging phone numbers, the friends say good-bye.

_____

_____

_____

_____

_____

_____

_____

_____

_____

_____

_____

_____

_____

_____

_____

Nombre _____ Clase _____ Fecha _____

CAPÍTULO

4

La vida escolar

VOCABULARIO 1/GRAMÁTICA 1

1 Look at the picture of Javier's messy room and then name, in Spanish, any school supplies you see there.

1. _____

2. _____

3. _____

4. _____

5. _____

6. _____

7. _____

2 Tanya and her father are going to buy some school supplies. Match each question Tanya's father asks with a logical response she might give. Use each letter once.

_____ **1.** Tanya, ¿necesitas algo para el colegio?

_____ **2.** ¿Necesitas lápices?

_____ **3.** ¿Cuánto papel necesitas?

_____ **4.** ¿Cuántas carpetas tienes?

_____ **5.** ¿Necesitas un reloj?

_____ **6.** ¿Tienes calculadora?

a. No, tengo un montón.
b. Sí, necesito uno.
c. Tengo pocas.
d. Necesito poco.
e. Sí, necesito muchas cosas.
f. No, no tengo.

3 Marina and Antonio are talking about next week's exams. Complete their conversation with the correct expressions that use the verb **tener.**

Marina ¡Uf! Antonio, (**1**)_____ un examen el martes.

Antonio Sí, (**2**)_____ estudiar mucho.

Marina Yo no (**3**)_____ de estudiar hoy.

Antonio ¿No? ¿Qué quieres hacer?

Marina Ni idea. Norma y yo (**4**)_____ una reunión del

club de francés a las cinco.

Antonio Oye, yo quiero comer algo. (**5**)_____.

Marina Y yo (**6**)_____. Quiero tomar *(to drink)* algo.

Antonio Pero *(but)* son las cinco menos diez.

Marina ¡Ay no, la reunión! Adiós, Antonio. ¡(**7**)_____!

4 Below is a list of Michael's school supplies. Ask him how much or how many of each item he has. Then write his answer, saying whether he has a lot or a little.

MODELO —¿Cuántas reglas tienes?
—Tengo muchas reglas.

6 reglas	12 lápices	2 carpetas	3 cajas *(boxes)* de papel

1. _____

_____

2. _____

_____

3. _____

_____

5 Solve the following crossword puzzle by writing the Spanish words that are described in the clues below. Use unaccented capital letters.

HORIZONTAL

1. You'll need plenty of this in art class.
4. A foreign language
6. A writing instrument
8. In this class you learn by doing experiments.
9. This is very useful in math class.

VERTICAL

2. Be sure to keep it sharp.
3. Helps you to be on time for class
5. Good for carrying school supplies
7. A good place to take notes

6 Why is Dana's backpack so heavy today? Write down the name of each object in Spanish as she takes a mental inventory. Remember to use the indefinite article for each item. The first one has been done for you.

1.   2.   3.   4.   5.

"Hmm, tengo (1)_____ **un diccionario** _____ para la clase de español y

(2) _____ para la clase de historia. También tengo

(3)_____ y tengo (4)_____ para

matemáticas. ¡Y también tengo (5)_____!"

7 Néstor and his friends all have different schedules. Use the verb **venir** to say at what time they each come to their different classes. Use the **modelo** as a guide.

MODELO (Enrique/3:00) **Enrique viene a la clase de ciencias a las tres.**

1. (tú y Juan/1:00) _____

2. (yo/3:00) _____

3. (nosotros/4:00) _____

4. (Rosa/3:15) _____

8 Answer the following questions using complete sentences.

1. ¿Tienes arte por la tarde? _____

_____

2. ¿Cuál es tu materia preferida? _____

_____

3. ¿Qué clases tienes por la mañana? _____

_____

4. ¿Qué clases tienes después del almuerzo? _____

_____

5. ¿Te gusta la clase de matemáticas? ¿Por qué? _____

_____

6. ¿A qué hora tienes la clase de inglés? _____

_____

La vida escolar

9 Imagine that you are an exchange student in Costa Rica. Answer the following questions based on your experiences.

1. Can your classmates take elective courses during their first three years?

   _____

2. If you failed a course, when would you make it up? _____

3. When will your school year in Costa Rica end? _____

4. If you are in **turno matutino,** at what time of day do you have classes?

   _____

5. What must your Costa Rican classmates do during their third year of high school before they can go on with their studies?

   _____

10 Your biology teacher is reading the following statements. He wants you to tell him whether they are **cierto** *(true)* or **falso** *(false)*.

_____ 1. **Gallo pinto** is the name of a colorful tropical bird.

_____ 2. The **mono congo** is a typical Costa Rican parrot.

_____ 3. The **Parque Nacional Tortuguero** is a reserve where you can find jaguars.

_____ 4. The **perezoso de tres dedos** is the fastest land animal in Costa Rica.

_____ 5. Monteverde Cloud Forest is home to many plants and animals.

11 Would you recommend Costa Rica to a friend who likes nature and the outdoors? Why? Write a paragraph in English stating three places that your friend might like to visit and describe what there is to see or do there.

_____

_____

_____

_____

_____

_____

_____

_____

_____

_____

La vida escolar

12 All the students below are about to do something in school. Complete the sentences by saying what each of them is going to do and where they will do it. Use **ir a** + an infinitive.

1.

2.

3.

4.

1. Néstor _____

2. Las muchachas _____

3. Ustedes _____

4. Nosotros _____

13 Read Paula's note to her pen pal in Mexico about what she does on the weekends. Then supply the conjugated verbs that are missing. Find the verbs in the box below.

poner	salir	descansar	escribir	leer
saber	traer	ver	hacer	

El viernes (**1**)_____ de la escuela temprano. Primero

(**2**)_____ y luego (**3**)_____ la tarea.

Por la noche (**4**)_____ una película con mis amigos o

(**5**)_____ un libro. A veces tenemos hambre. Entonces

yo (**6**)_____ una pizza. A veces estoy un poco aburrida

(*bored*) y no (**7**)_____ qué hacer. Entonces llamo a una

amiga o (**8**)_____ música o (**9**)_____

cartas a mis amigos.

VOCABULARIO 2/GRAMÁTICA 2

14 Luis and José are running late today. Complete their conversation below by filling in the missing words.

Luis (1)¿_____ a la reunión del club de español

en la biblioteca?

José Sí. ¿A qué hora (2)_____ la biblioteca?

Luis A las dos. Y la reunión (3)_____ a las dos y cuarto.

José Son las dos y doce. No vamos a (4)_____ a tiempo.

Luis ¡Ay! Yo siempre (5)_____ de mi casa muy tarde.

José Cuando llegamos tarde, (6)_____ la reunión.

15 It's Monday, and Patricia is looking at her schedule for the week. Answer the questions below in complete sentences using the words in the box. Use each phrase only once.

lunes 6	martes 7	miércoles 8	jueves 9	viernes 10	sábado 11
clase de baile	examen de álgebra	partido de básquetbol	a.m. estudiar, p.m. concierto, 4 p.m.	examen de historia	fiesta de Arturo

por la tarde	este fin de semana	mañana	pasado mañana	próximo

1. ¿Cuándo es la fiesta de Arturo? _____

_____

2. ¿Cuándo va a ir al concierto? _____

_____

3. ¿Cuándo es el examen de historia? _____

_____

4. ¿Cuándo es el examen de álgebra? _____

_____

5. ¿Cuándo va a ir al partido de básquetbol? _____

_____

VOCABULARIO 2/GRAMÁTICA 2

16 Manolo wants to do something, but his friend Chuy can't seem to make up his mind. Complete their conversation with the appropriate expressions from the box. Use each phrase only once.

no sé	qué tal si	tengo que	vas a ir, ¿verdad?	claro que sí
ganas	no voy a ir	vas a ir	vas a hacer	vienes conmigo

1. ¿Qué _____ hoy?

2. _____.

3. Hay un concierto por la noche. _____

4. No, _____. Tengo que estudiar.

5. ¿_____ al partido de fútbol?

6. ¿Sabes qué? No tengo _____.

7. _____ a la reunión del club de francés, ¿no?

8. No sé. _____ estudiar.

9. ¿_____ vamos a la cafetería?

10. _____. Tengo mucha hambre.

17 Write something that you are going to do and something that you are not going to do on the following days. Use the **modelo** to get started.

MODELO Esta semana **Esta semana quiero ir al concierto.**
No quiero presentar un examen.

1. esta noche _____

_____

2. mañana _____

_____

3. pasado mañana _____

_____

4. este fin de semana _____

_____

5. la próxima semana _____

_____

La vida escolar

18 Read the following poem about why a girl needs her watch at school. Then answer the questions below.

No tengo reloj

Yo soy muy trabajadora,
pero en el colegio no voy a saber la hora.
Necesito un reloj para la reunión,
y para llegar a tiempo a computación.

Tengo clases toda la semana,
y si no sé la hora mañana,
¡voy a ir a la cafetería
a la hora de biología!

A las ocho tengo que venir.
¿Pero cómo voy a saber la hora de salir?
Necesito un reloj, ¿no ves?
¡Tengo que saber cuando son las tres!

1. What does the poet need for school?

   _____

2. What class does she need to be on time for?

   _____

3. What is she afraid will happen tomorrow when it's time for biology class?

   _____

4. What time must the student be at school in the morning?

   _____

5. Why do you think she wants to know when it's 3:00 P.M.?

   _____

(38)

La vida escolar

19 Some students are talking about themselves and the things they like to do. Match each student described on the left to a student with similar interests on the right.

_____ **1.** Los fines de semana voy a la piscina y después voy al gimnasio. Me gustan mucho las fiestas.

_____ **2.** Me gustan las ciencias. Estudio mucho y siempre voy a la biblioteca. ¡Los libros son formidables!

_____ **3.** Los fines de semana salgo a comer pizza o pasta con mis amigos. Tengo un montón de videos.

_____ **4.** No soy muy activo. Me gusta navegar por Internet y también ir al centro comercial.

a. Me gusta el colegio. Leo mucho. Mis materias preferidas son la biología y la química.

b. Mi materia preferida es la computación. Me gusta ir de compras. Casi nunca hago ejercicio.

c. Me gusta nadar y practicar deportes. También escucho música y bailo con mis amigos.

d. Veo películas de terror, de misterio, de aventuras y de amor. Me gusta la comida italiana.

20 Read the following statements about Julio's life as an exchange student in Argentina. Then rewrite each sentence so that it is true for you.

MODELO Julio es de Cuba y tiene diecinueve años.
      Yo soy de Texas y tengo quince años.

1. En diciembre Julio nada y juega al fútbol. _____

_____

2. A Julio le gustan las matemáticas, pero no le gusta la historia. _____

_____

3. Julio sale del colegio a las dos y media. _____

_____

4. Julio tiene nueve materias. _____

_____

INTEGRACIÓN

21 Fill in the blanks to complete the following entry from Rhonda's diary. Be sure to use the correct verb forms when appropriate.

Diario

Lunes _____

Hoy quiero ir al **(1)**_____ comercial. Necesito unos

(2)_____ para la clase de **(3)**_____ física y unos

(4)_____ para arte. Pero no voy a **(5)**_____ esta

tarde porque hace mal **(6)**_____. Voy a navegar por

(7)_____ y después voy a **(8)**_____ unas cartas.

Luego, voy a **(9)**_____ una revista.

22 Look at the following pictures about some free-time activities. Then write a brief conversation for each picture, consisting of a question and a response. The first one has been done for you.

1.

2.

3.

4.

5.

6.

1. ¿Vienes conmigo al parque hoy? Claro que sí.
   _____

2. _____

3. _____

4. _____

5. _____

6. _____

40

En casa con la familia

1 Look at the groups of words below. After each group, write the word that does not belong with the others.

MODELO gato perro lentes **lentes**

1. tíos azules sobrinos _____
2. merendar almorzar escribir _____
3. madre largo abuela _____
4. ciego sordo pelo _____
5. menor castaño mayor _____
6. primas gordas delgadas _____
7. verde negro corto _____

2 Solve the following crossword puzzle. The first answer has been given.

HORIZONTAL

3. Es la hija de mi hermano.
5. Somos siete ___ en la familia.
7. Mis padres, mis abuelos, mis hermanos y yo formamos una.
8. No oye (hears) nada.
9. No ve nada.

VERTICAL

1. Así es mi papá. No habla mucho.
2. Así es el pelo de mi abuelo.
4. Es la hermana de mi papá.
5. Es el hijo de mis tíos.
6. Es el padre de mi madre.

3. S O B R I N A

3 Ana wants to find a shorter way to say how people are related to one another. Help her out by rewriting these expressions using the correct possessive adjective.

MODELO el hijo de Juan **su hijo**

1. los padres de nosotros _____

2. la abuela de mis primas _____

3. los hermanos de tu madre _____

4. la hija de mis padres _____

5. los tíos de mi padre _____

4 Use the words in the box to complete Paco's e-mail to a friend about his upcoming visit to San Antonio.

vieja	mayor	nietos	silla de ruedas	menores
persona	canoso	verdes	almuerza	todos

¡Hola, Mario! Voy a visitar a (**1**)_____ mis tíos en

San Antonio. Mi tío Julio está en una (**2**)_____ pero es

muy activo. Enrique, su hijo, es mi primo (**3**)_____. Él

(**4**)_____ con mis primos (**5**)_____.

Mi tía Marta es una (**6**)_____ muy simpática y mi abuela

Josefa es (**7**)_____ pero muy divertida. Tiene los ojos

(**8**)_____ y el pelo (**9**)_____. Le gusta

ver a sus (**10**)_____. ¡Voy a pasar un buen rato! Hasta luego.

Paco

5 Read the clues below. Then, solve the riddles to tell how the following people are related to Adela.

MODELO Soy la hija de los abuelos de Adela. **Soy su madre. / Soy su tía.**

1. Somos los hijos del padre de Adela. _____

2. Yo soy la madre de la mamá de Adela. _____

3. Somos los padres de los hermanos de Adela. _____

4. Yo soy la hija de los papás de Adela. _____

5. Soy el hijo de la abuela de Adela. _____

6. Soy la hija de la tía de Adela. _____

   (**42**)

VOCABULARIO 1/GRAMÁTICA 1

6 Carmen brought pictures of her Chilean family to show her friend, Tomás. Write a question from Tomás for each answer Carmen gives.

1. —_____

   —En mi familia somos cinco: mi madre, mi abuela, dos hermanos y yo.

2. —_____

   —Ella es bastante vieja y no ve muy bien.

3. —_____

   —Sí, porque ella no ve bien.

4. —_____

   —Mis hermanos son muy delgados, pero comen mucho.

5. —_____

   —Sí, merendamos todos los días.

6. —_____

   —Almorzamos a la una de la tarde.

7. —_____

   —Sí, dormimos hasta las nueve y media.

7 Write an additional sentence that is a logical conclusion to each sentence below. Use the information given in parentheses.

MODELO Mis padres son jóvenes. (tener nietos) **No tienen nietos.**

1. Mi abuela es muy vieja. (sorda)

   _____

2. Mis primos siempre tienen mucha hambre por la mañana. (almorzar)

   _____

3. A mi tía no le gusta volver a casa tarde. (temprano)

   _____

4. A mí me gusta arreglar mi cuarto temprano. (empezar)

   _____

5. Mi abuelo no camina *(walk)*. (silla)

   _____

6. Mi perro no es bueno. (travieso)

   _____

En casa con la familia

8 Choose the correct answer to the questions below about Chile.

_____ **1. La fiesta de La Tirana** is ___.
   a. an ancient **Mapuche** festival   **b.** a colorful Chilean celebration

_____ **2.** Houses in southern Chile show the influence of ___.
   a. Amazonian culture   **b.** British and German immigrants

_____ **3.** A **pastel de choclo** is a Chilean dish made of ___.
   a. corn and meat   **b.** chocolate

_____ **4. Mudéjar** architecture was imported to Chile from ___.
   a. Spain   **b.** the United States

_____ **5.** Some homes in the Amazon basin are built on stilts to protect
   against ___.
   a. strong winds   **b.** high water

9 Answer the following questions about family life in Spanish-speaking countries.

   1. If your name is Juan Flórez Pérez, what is your mother's maiden name?

   _____

   2. Where do grandparents and older aunts often live?

   _____

   3. In most Latin American countries, do people go by their mother's or father's
   last name?

   _____

   4. Who generally holds a place of honor in Spanish-speaking families?

   _____

10 Imagine your extended family lives in Chile. Write a paragraph describing a Sunday
gathering at your grandparents' **casa de campo.** Tell what relatives are there and
mention the typical Chilean dishes prepared for the occasion.

_____

_____

_____

_____

_____

_____

_____

(**44**)

CAPÍTULO

En casa con la familia

VOCABULARIO 2/GRAMÁTICA 2

11 Marta, a real estate agent, is trying to find the right home for her clients. Match each client's needs (in the left column) with an appropriate location (in the right column). Use each answer only once.

_____ **1.** Me gusta ir al cine, salir a comer y también ir de compras. No tengo un carro.

_____ **2.** Quiero tener un jardín con plantas pero también me gusta ir a la ciudad.

_____ **3.** Me gusta vivir en un edificio grande. No me gusta cortar el césped.

_____ **4.** Me gusta pasear en un jardín grande lejos de la ciudad, y tener muchos animales.

_____ **5.** Me gustan las ciudades bastante pequeñas.

a. el pueblo
b. las afueras
c. la ciudad
d. el campo
e. un apartamento

12 Complete the following sentences by writing the word for the appropriate room or part of a room.

MODELO Yo hago la tarea en **la habitación**.

1. A mi tío le gusta ver televisión en _____.

2. Mi abuela prepara la comida en _____.

3. Me lavo las manos _(I wash my hands)_ en _____.

4. Todos los días hago la cama en _____.

5. Vemos el jardín porque la sala tiene una _____.

6. Cuando quiero salir, tengo que abrir _____.

13 Today is moving day at the Martínez house. Help Luis direct the movers by answering their questions.

MODELO ¿Qué ponemos en la sala? **la mesa**
¿Dónde ponemos el escritorio de estudiante? **en la habitación**

1. ¿Qué pongo en el patio? _____

2. ¿Dónde ponemos las cuatro sillas? _____

3. ¿Qué más pongo en la sala? _____

4. ¿Qué ponemos en la habitación? _____

5. ¿Dónde ponemos la bicicleta? _____

6. ¿Qué ponemos en la cocina? _____

VOCABULARIO 2/GRAMÁTICA 2

14 You are in charge today. Assign a different chore to each member of your family. Then, write what each person thinks of his or her chore.

MODELO tú **Te toca pasar la aspiradora. Te parece fácil.**

1. yo _____

2. mi hermano y yo _____

3. mis hermanas _____

4. Lía y Marta _____

5. Martín _____

6. Julio y tú _____

15 Look at the following pictures. Then, supply the missing words in each sentence to tell where everything is located. The first one has been done for you.

1. El perro y el gato están ___**lejos de las**___ personas.

2. El gato está _____ perro.

3. Los libros están _____ cuadernos.

4. Los libros están _____ escritorio.

5. El escritorio está _____ libros.

6. La silla está _____ escritorio.

7. El escritorio está _____ silla.

VOCABULARIO 2/GRAMÁTICA 2

16 Read each statement and question. Then, write an appropriate reply using one of the expressions from the box. Make sure you use each expression at least once. Some words may be used more than once.

nada	nadie	tampoco	nunca	siempre	a menudo

MODELO No me gusta hacer la cama. ¿Y a ti? **A mí tampoco me gusta.**

1. Mis sobrinas y yo somos delgadas. ¿Y en tu familia?

_____

2. A Carlos siempre le toca lavar los platos. ¿Y a ti?

_____

3. Yo cuido a mis hermanos. ¿Y tú? _____

4. No quiero comer. ¿Y tú? _____

5. Cada fin de semana tengo que cortar el césped. ¿Y tú?

_____

6. A Susie le toca limpiar el apartamento. ¿Y a ti?

_____

7. A mí todo me parece difícil ¿Y a ti? _____

17 You are spending a year in Chile and your new friends want to know all about your family life in the U.S. Answer all their questions below in Spanish.

1. ¿Cuántas personas hay en tu familia?

_____

2. ¿Ustedes tienen animales en la casa?

_____

3. ¿Dónde viven ustedes?

_____

4. ¿Cómo es tu casa?

_____

5. ¿Tienes que ayudar en casa? ¿Qué te toca hacer a ti?

_____

_____

6. ¿A ustedes les gusta cocinar hamburguesas en el patio?

_____

47

Nombre _____ Clase _____ Fecha _____

En casa con la familia

18 Tony has a new baby sister and a dog. Read the story below and answer the questions that follow in Spanish.

Tony vive en una casa grande cerca de la playa. Ya *(Now)* son cuatro en su familia: los padres, Tony y una hermanita nueva *(new)* que se llama Lourdes. Lourdes es muy pequeña. Tiene el pelo negro y los ojos verdes. Duerme todo el día y come por la noche. Mamá no puede dormir pero está muy feliz *(happy)*.

Ahora *(now)* Tony tiene que ayudar más en la casa. Por la mañana le toca arreglar el jardín. Después de comer, tiene que limpiar la mesa del comedor y sacar la basura. Casi nunca juega con su perro Hércules porque tiene muchos quehaceres.

Hoy a Tony le toca cuidar a Lourdes porque sus padres no están en la casa. A él le parece muy divertido pero a Hércules no le parece bien. Él quiere salir con Tony.

Cuando regresan papá y mamá, Tony abre la puerta. El perro entra en *(enters)* la habitación y ve a Lourdes. ¡Quiere jugar con ella! «Ay, no», dice *(says)* Tony. «¡Tú no vas a jugar con Lourdes! Ven *(Come)*, Hércules. ¡No hacemos más quehaceres hoy! ¡Tú y yo vamos a la playa!»

1. ¿Dónde está la casa de Tony?
   _____

2. ¿Cómo es la hermana de Tony?
   _____

3. ¿Cuántos son en la familia de Tony?
   _____

4. ¿Qué hace Tony para ayudar en la casa?
   _____
   _____

5. ¿Por qué no juega con Hércules casi nunca?
   _____

6. ¿Por qué abre Tony la puerta?
   _____

7. ¿Qué quiere hacer Hércules con la hermanita de Tony?
   _____

8. ¿Qué va a hacer Tony?
   _____

En casa con la familia

19 Where would you be most likely to find the following items?

_____ **1.** un reloj
     a. la silla   **b.** la puerta   **c.** la mesa

_____ **2.** un libro de ciencias
     a. el garaje   **b.** el escritorio   **c.** el cine

_____ **3.** una piscina
     a. el centro comercial   **b.** el auditorio   **c.** el gimnasio

_____ **4.** unas frutas
     a. el comedor   **b.** la iglesia   **c.** la carpeta

_____ **5.** un cuaderno
     a. la mochila   **b.** la bicicleta   **c.** el baño

_____ **6.** un videojuego
     a. la playa   **b.** la sala   **c.** el colegio

20 Answer the following questions about yourself in Spanish.

1. ¿Cuál es tu dirección?

_____

2. ¿Cómo eres?

_____

3. ¿Dónde vives?

_____

4. ¿Te gusta más practicar deportes o navegar por Internet?

_____

5. ¿Qué te parece la comida mexicana?

_____

6. ¿Qué haces los fines de semana?

_____

7. ¿Con qué frecuencia vas al cine?

_____

8. ¿Te gusta el colegio?

_____

  49

INTEGRACIÓN

21 Adrián is spending a year as an exchange student in Chile. Read the following letter to his sister. Then say whether the statements below are **cierto** *(true)* or **falso** *(false)*.

Hola, Juana. ¡Me gusta mucho Chile! Vivo en las afueras de Santiago. En la familia son cuatro: Sebastián, que tiene quince años y es muy simpático, su padre que es profesor, su madre que es pianista y su hermano menor. También hay dos gatos muy traviesos. Corren por la casa y duermen encima de la cama de Sebastián. Por la mañana vamos al colegio en autobús *(bus)*. Tenemos clases interesantes y los profesores son muy buenos. A mí me gusta el colegio pero me gusta más salir por la tarde con mis amigos chilenos. A veces jugamos al fútbol o nadamos. Cuando hace mal tiempo vamos a la casa de un muchacho y alquilamos videos. Bueno, tengo pocas ganas de estudiar hoy pero me toca hacer la tarea. ¡Hasta pronto!

_____ **1.** Adrián vive en la ciudad.

_____ **2.** Sebastián es el hermano mayor.

_____ **3.** Los gatos duermen en la habitación de Sebastián.

_____ **4.** Los profesores de Adrián son pésimos.

_____ **5.** A Adrián le parece aburrido salir con los amigos chilenos.

_____ **6.** Cuando llueve, Adrián y sus amigos nadan.

_____ **7.** Después de escribir la carta, Adrián va a hacer la tarea.

22 Write a paragraph in Spanish describing your schedule for a typical weekday. Include what time you get up, when you go to school, your classes, and an after-school activity. Mention also your household chores and what you do after dinner. Then, give your opinion of your school and your chores.

_____

_____

_____

_____

_____

_____

_____

_____

_____

_____

_____

_____

¡A comer!

1 Con base en *(based on)* la nota de la madre de Ángela, ¿qué tiene que poner Ángela en la mesa?

> *Hola, Ángela:*
>
> *Voy a regresar tarde a casa. ¿Puedes poner la mesa, por favor? Vamos a comer sopa de tomate, jamón y papas y vamos a tomar agua.*
>
> *Hasta pronto, Mamá*

Para comer la sopa, la familia necesita (**1**)_____

y (**2**)_____. Ángela tiene que poner

(**3**)_____, (**4**)_____ y

(**5**)_____ para comer el jamón y las papas. Quieren tomar

agua. Van a necesitar (**6**)_____. ¿Y algo más? Sí, todos

necesitan (**7**)_____ para limpiar sus dedos *(fingers)*.

2 Julieta likes to vary her lunch. How many different types of salads, sandwiches, and sauces can she make from the ingredients in the box?

atún	queso	jamón	papas	frutas	tomate	verduras

las ensaladas   **los sándwiches**   **las salsas**

_____   _____   _____

_____   _____   _____

_____   _____   _____

_____   _____   _____

3 You and your friend Nacho are eating. Respond to his comments, giving your opinion of each item. **Sí** means you like it and **no** means you don't.

1. Nacho: ¡Qué rica está la sopa!

Tú: (no) _____

2. Nacho: ¿Qué tal está la ensalada?

Tú: (sí) _____

3. Nacho: Aquí preparan muy bien los jugos.

Tú: (no) _____

4 Using the hints to the left, find 10 words related to food in the puzzle.

W	D	C	V	R	G	H	K	I	O	A	U	B	E	M	L
P	I	C	A	N	T	E	B	K	T	R	Q	B	G	O	L
N	A	A	U	M	N	O	Z	Q	E	L	U	V	Y	J	M
Q	T	L	V	V	A	S	O	N	N	K	E	E	A	O	D
O	K	I	E	I	T	S	T	E	E	N	S	A	L	S	A
B	R	E	C	E	U	O	C	H	D	N	O	B	N	E	O
U	T	N	Z	L	N	P	U	D	O	A	U	C	X	I	T
V	S	T	P	L	E	I	B	E	R	D	S	O	P	A	M
Y	A	E	L	P	L	A	T	O	E	J	U	E	T	L	A
P	A	T	E	M	E	C	O	L	A	N	D	U	J	I	T
N	O	C	H	B	R	I	U	V	T	O	M	A	T	E	A

1. salsa ___

2. La sopa está ___.

3. Pon el ___, el ___ y el ___ en la mesa.

4. un sándwich de ___ y ___

5. Me encanta la ___ de chocolate.

6. Toma esto con una cuchara.

7. Es rico en la ensalada.

5 Your friends are talking about food while eating. Choose the correct verb to complete each sentence.

_____ **1.** El tomate ___ muy saludable *(healthful)*.
        a. es   **b.** está

_____ **2.** ¡Qué rico ___ este flan!
        a. es   **b.** está

_____ **3.** ¿Qué tal ___ tus verduras?
        a. están   **b.** son

_____ **4.** No me gustan las comidas fritas porque ___ grasosas *(greasy)*.
        a. son   **b.** están

_____ **5.** Yo nunca tomo jugo de tomate. ___ horrible.
        a. Es   **b.** Está

_____ **6.** ¿Por qué no pruebas la salsa? ___ riquísima.
        a. Es   **b.** Está

6 El almuerzo de Tomás está muy malo hoy. Completa las oraciones *(sentences)* para describir su almuerzo horrible.

MODELO ¡La ensalada de frutas **no está fría**!

1. ¡La sopa de verduras _____!

2. ¡Las papas fritas _____!

3. ¡La ensalada _____!

4. ¡El refresco _____!

5. ¡La salsa picante _____!

VOCABULARIO 1/GRAMÁTICA 1

7 Laura cuida a sus hermanos pequeños. Completa su descripción con las formas correctas de los verbos del cuadro *(in the box)*.

servir	pedir	poder	probar	preferir

Es la una y tengo que (**1**)_____ el almuerzo. José (**2**)_____ helado pero yo (**3**)_____ sopa. Pili y Mili (**4**)_____ papas fritas pero yo no (**5**)_____ preparar papas fritas. José (**6**)_____ la sopa. ¡Ay! Está muy caliente. Pili y Mili no (**7**)_____ la sopa. Dicen *(they say):* (**8**)«_____ comer sándwiches.» Finalmente *(finally)* José y yo (**9**)_____ sándwiches de queso. Pili (**10**)_____ leche. Ahora todos (**11**)_____ comer. Nosotros (**12**)_____ los sándwiches. ¡Están deliciosos!

8 For each picture below, tell which food you prefer and why. The first one has been done for you.

1.　　　　　2.　　　　　3.　　　　　4.

1. **Prefiero el queso porque es más rico.** _____

2. _____

3. _____

4. _____

9 For each question the waiter asks you, give a complete answer in Spanish.

1. —¿Qué desea usted? _____

2. —¿Desea algo de postre? _____

3. —¿Y para tomar? _____

4. —¿Algo más? _____

¡A comer!

10 You are spending a weekend with a friend in Mexico. Choose the correct ending for each sentence to describe your meals together.

_____ 1. Using milk, chile peppers, and corn meal, you prepare **atole** ___.
     a. to drink   **b.** to eat with a fork   **c.** to spread on tortillas

_____ 2. As a snack you have **quesadillas,** which are tortillas filled with ___.
     a. cheese   **b.** hot chile peppers   **c.** strawberries

_____ 3. One of the foods you eat, called **elote** in the Nahuatl language, is ___.
     a. beans   **b.** corn   **c.** plantain

_____ 4. Some of the typical dishes you will eat can be traced back to ___.
     a. Columbus   **b.** the 19th century   **c.** Aztec times

_____ 5. You eat **la cena** at ___.
     a. 12:00 P.M.   **b.** 6:00 P.M.   **c.** 9:00 P.M.

11 Tell if each of the following statements about Latin American cultures is
a) cierto or **b) falso.**

_____ 1. Mexican street vendors sell cucumbers with chile powder as a snack.

_____ 2. In Latin American countries, lunch is generally a light meal.

_____ 3. The earliest varieties of corn can be seen in a Mexican museum.

_____ 4. Some traditional Mexican foods are sold as instant food packages.

_____ 5. All Latin Americans enjoy a snack or **merienda** around 6:00 P.M.

12 Mexico has rich and diverse architecture. Contrast the architecture of the
Universidad Nacional Autónoma de México with the architecture of **Puebla**
and of **Teotihuacán.** What makes each of them unique?

_____

_____

_____

_____

_____

_____

_____

_____

_____

_____

¡A comer!

13 Completa el crucigrama (crossword puzzle) con las pistas (clues).

HORIZONTAL

3. Es una fruta roja o verde.

5. Puedes comerlo o tomarlo.

6. Es una verdura. Comes sus flores (flowers).

8. Su jugo es muy rico.

VERTICAL

1. Puedes tomarlo para el desayuno (3 words).

2. Es una verdura que ayuda a ver bien.

4. Siempre hay en las fiestas de cumpleaños.

7. tortillas de ___

14 This is Andrew's first time in a Chinese restaurant and he is rather bewildered. Help him out by answering his questions. Use direct object pronouns when appropriate and follow the **modelo.**

MODELO ¿Tomo leche con la comida? **Sí, tómala.**

1. ¿Qué tal si pruebo la sopa de pescado? _____

2. ¿Pido arroz con la sopa? _____

3. ¿Añado la salsa picante a la carne? _____

4. ¿Tengo los palitos en la mano (chopsticks in my hand)? _____

5. ¿Pongo la comida en el plato? _____

15 Indica la palabra que no pertenece (belongs) a las listas.

1. corta	mezcla	salsa	_____
2. ayuda	tenedor	cuchillo	_____
3. huevo	cuchara	tocino	_____
4. refrigerador	manzana	durazno	_____
5. desayuno	cena	calentar	_____

VOCABULARIO 2/GRAMÁTICA 2

16 Escribe las comidas en la categoría correcta del menú.

pescado con espinacas	sándwich de atún	pan dulce	arroz con pollo
dos huevos con tocino	carne con papas	refrescos	café con leche
tacos de verduras	jugos	hamburguesa	cereales

Desayuno	**Cena**
_____	_____
_____	_____
_____	_____
Almuerzo	**Para tomar**
_____	_____
_____	_____
_____	_____

17 You are trying to help your sister in the kitchen, but she hasn't told you what to do. Ask if she wants help, using direct object pronouns.

MODELO Aquí están las verduras para la ensalada. **¿Las mezclo?**

1. El pescado está en el microondas. _____

2. Las zanahorias están frías. _____

3. El maíz no está preparado *(prepared)*. _____

4. Las cucharas no están en la mesa. _____

5. Los platos están sucios *(dirty)*. _____

18 Everybody is pitching in to prepare a big breakfast this Saturday. Say in two different ways who is doing each task. Follow the **modelo.**

MODELO ¿Quién va a preparar el café? (Gilberto)
Gilberto lo va a preparar. / Gilberto va a prepararlo.

1. ¿Quién va a abrir los cereales? (tú)

   _____

2. ¿Quién va a cocinar los huevos? (nosotros)

   _____

3. ¿Quién va a calentar la leche? (usted)

   _____

(56)

VOCABULARIO 2/GRAMÁTICA 2

19 Bruno and Araceli are going to fix dinner. Give them cooking instructions by writing five commands with the verbs from the box. The first one has been done for you.

sacar	mezclar	lavar
calentar	cortar	añadir

1. **Araceli, saca un cuchillo.** _____
2. _____
3. _____
4. _____
5. _____
6. _____

20 Diego wants to help his mother. Complete his comments and questions using the words in the box.

almorzar	ayudar	hambre	por qué no	qué tal si

1. Tengo mucha _____, Mamá. ¿Qué hay de almuerzo?
2. ¿Vamos a _____ sándwiches de tocino?
3. ¿_____ almorzamos en la cocina?
4. ¿Puedo _____ en la cocina?
5. Mamá, ¿_____ preparo los sándwiches?

21 **¿Qué comes en tu casa?** Contesta las preguntas con oraciones completas y personales.

1. ¿Qué desayunas los lunes?

   _____

2. ¿Qué quieres hoy de almuerzo?

   _____

3. ¿Qué hay de cena hoy en tu casa?

   _____

4. ¿Cuándo desayunas huevos, tocino y pan tostado?

   _____

5. ¿Qué pones en la mesa?

   _____

¡A comer!

22 Felipe está en la escuela y su almuerzo está en casa. Lee la historia (*read the story*) para saber qué hace Felipe y contesta las preguntas.

El almuerzo de Felipe

Son las once y media y Felipe sale de la clase de educación física. Es la hora del almuerzo. Él tiene mucha hambre. Todas las mañanas Felipe prepara un gran sándwich de queso. Siempre lo pone en su mochila con un refresco y una fruta. Pero hoy, cuando abre su mochila, ¡su almuerzo no está!

Muy serio, Felipe va a la cafetería. No tiene nada para comer. Su almuerzo está en casa. Felipe ve a sus amigos en una mesa y les pide un poco de su comida. Son todos simpáticos con él.

—Felipe, tengo un sándwich de atún. ¿Lo quieres probar?

—¿Deseas huevo con espinacas?

—Felipe, ¿te sirvo sopa de tomate?

Felipe nunca prepara atún, huevos con espinacas o sopa de tomate para el almuerzo. Prefiere su sándwich de queso pero va a probar el almuerzo de sus amigos. ¡Le gusta todo! Al final Felipe come un almuerzo delicioso.

1. ¿A qué hora tiene Felipe el almuerzo?

   _____

2. Felipe casi siempre tiene almuerzo. ¿Quién lo prepara?

   _____

3. ¿Hoy, dónde está su almuerzo?

   _____

4. Los amigos de Felipe están en la cafetería. ¿Qué les pide Felipe a sus amigos?

   _____

5. ¿Cómo son los amigos de Felipe?

   _____

6. ¿Cómo está el almuerzo de Felipe?

   _____

58

¡A comer!

23 Álvaro has a lot of problems. Use the illustrations to write commands that will help him. Use direct object pronouns when appropriate. The first one has been done for you.

1. Siempre llego tarde al almuerzo.

Compra un reloj. _____

2. Necesito muchas cosas para la fiesta. ¿Dónde las compro?

_____

3. No puedo ayudar en la cocina porque no veo muy bien.

_____

4. Tengo hambre pero el almuerzo está frío.

_____

5. Siempre tengo hambre en la clase de educación física.

_____

24 Inés escribe en su diario. Completa su párrafo *(paragraph)* con la forma correcta de los siguientes verbos: **llover, pedir, dormir, empezar, poder** y **servir.**

Hoy es sábado. Todos los sábados yo (**1**)_____ hasta las nueve de la mañana. ¡Me gusta la cama! Papá (**2**)_____ el desayuno a las diez. Javier y yo tenemos hambre y (**3**)_____ un desayuno grande. Hoy (**4**)_____ mucho y no voy a (**5**)_____ patinar. A las once (**6**)_____ las películas de los sábados.

INTEGRACIÓN

25 Néstor y Julia preparan una gran fiesta. Mira sus listas y contesta las preguntas. Usa los pronombres de complemento directo en tus respuestas.

Néstor
comida
(por la mañana)
poner mesa
postre

Julia
música
platos
cena

MODELO ¿Quién prepara el postre? **Néstor lo prepara.**

1. ¿Quién saca los platos? _____

2. ¿Quién va a preparar la cena? _____

   _____

3. ¿Quién va a poner la música? _____

4. ¿Quién pone la mesa? _____

5. ¿Cuándo va a comprar Néstor la comida? _____

   _____

26 Complete the following questions about your eating habits.

1. ¿Cuál es tu comida preferida?

   _____

2. ¿Quién prepara la cena en tu casa?

   _____

3. ¿Con qué frecuencia sales a restaurantes?

   _____

4. ¿Dónde almuerzas cuando estás en el colegio?

   _____

5. ¿A qué hora desayuna tu familia?

   _____

6. ¿Cuáles son tus quehaceres en la cocina?

   _____

Nombre _____ Clase _____ Fecha _____

Cuerpo sano, mente sana

VOCABULARIO 1/GRAMÁTICA 1

1 Mira el dibujo *(drawing)*. Luego, escribe una oración para decir qué hace Juan con cada cosa y cuándo lo hace.

1. _____

2. _____

3. _____

4. _____

2 Juan Pablo describe qué hace los sábados por la noche. Completa su descripción con las formas correctas de los verbos del cuadro *(box)*.

empezar	acostarse	preferir	tener
lavarse	merendar	servirse	encontrar
ponerse	bañarse	poder	

Mi hermana (**1**)_____ temprano pero mi hermano y yo vemos

videos. Él siempre quiere ver películas de terror pero yo (**2**)_____

las películas de aventuras porque no (**3**)_____ dormir despúes

de ver películas de terror. A veces nosotros (**4**)_____ películas de

misterio divertidas. Antes de ver una película, nosotros

(**5**)_____.

Mi hermano y yo (**6**)_____ el piyama, y mi hermano

(**7**)_____ los dientes. Yo casi siempre (**8**)_____

hambre por la noche, de modo que *(so)* (**9**)_____ algo rico para

comer. Cuando la película (**10**)_____, me relajo en el sofá y

(**11**)_____ una pizza.

VOCABULARIO 1/GRAMÁTICA 1

3 Jacobo needs to do several things before he goes out this morning. For each of his questions to himself on the left, select a logical response on the right.

_____ **1.** Acabo de despertarme. ¿Estoy listo?

_____ **2.** Acabo de lavarme el pelo. ¿Qué me falta hacer?

_____ **3.** ¿Por qué no puedo peinarme?

_____ **4.** Acabo de comer el desayuno. ¿Qué tengo que hacer?

_____ **5.** ¿Por qué no puedo lavarme los dientes?

_____ **6.** Estoy listo. ¿Puedo salir?

> **a.** Porque no encuentro la pasta de dientes.
> **b.** Tengo que lavarme los dientes.
> **c.** ¡Sí! No tengo que hacer nada.
> **d.** No. Tengo que levantarme y vestirme.
> **e.** Porque no encuentro el peine.
> **f.** Tengo que secarme el pelo y peinarme.

4 Your younger brother is really funny. For each reasonable thing he says, write **sí**. For each silly thing he says, write **no** and then rewrite the sentence so it makes sense. The first one has been done for you.

_____**no**_____ **1.** El piyama es para secarse. **La toalla es para secarse.**

_____

_____ **2.** Vas a maquillarte con el cepillo de dientes. _____

_____

_____ **3.** Quiero levantar pesas para entrenarme. _____

_____

_____ **4.** Necesito la pasta de dientes para lavarme la cara. _____

_____

_____ **5.** Podemos secarnos con el peine. _____

_____

_____ **6.** Me lavo la cara con agua y jabón. _____

_____

_____ **7.** La navaja es para vestirse. _____

_____

5 Look at the pictures below. Then write two sentences for each picture to say what the teens are doing. The first one has been done for you.

1. Camilo   **2. Enrique**   **3. Mariana**

1. Camilo **se baña.** _____

   Se lava… **la espalda, el hombro y el brazo.** _____

2. Enrique _____

   Entrena… _____

3. Mariana _____

   Estira… _____

6 For each pair of things you are going to do, say whether you are going to do the first one before or after the second one.

   MODELO afeitarse / bañarse **Me voy a afeitar después de bañarme.**

1. vestirse / quitarse el piyama _____

   _____

2. quitarse los zapatos / acostarse _____

   _____

3. estirarse / entrenar las piernas _____

   _____

4. maquillarse / secarse la cara _____

   _____

5. usar la secadora de pelo / lavarse el pelo _____

   _____

63

Nombre _____ Clase _____ Fecha _____

Cuerpo sano, mente sana

7 Answer the questions below about life in Argentina.

1. What is the weather like in December in Argentina? _____

2. When is the skiing season in Bariloche? _____

3. Can you name a famous August celebration in Bariloche? _____
_____

4. What kind of food would you have at a **parrillada**? _____
_____

5. Which countries greatly influenced Argentine cooking? _____
_____

6. How would you drink the herb tea known as **mate**? _____
_____

8 Say whether the following statements are **cierto** or **falso.**

_____ 1. The Argentine city of Bariloche is known as the "Switzerland of the Andes."

_____ 2. The Tango Festival celebrates **gaucho** traditions.

_____ 3. During the summer, southern Argentina has days with 20 hours of sunlight.

_____ 4. Argentine architecture has been greatly influenced by the Greek style.

_____ 5. The Iguazú waterfalls are on the international border between Argentina and Brazil.

9 Imagine you spent your vacation in Argentina. Describe what you saw in the **pampas** and tell about your trip to the southern tip of Argentina.

_____
_____
_____
_____
_____
_____
_____
_____

(64)

Cuerpo sano, mente sana

VOCABULARIO 2/GRAMÁTICA 2

10 Use the clues to fill in the puzzle below with names of parts of the body. Then find the secret message in the shaded boxes.

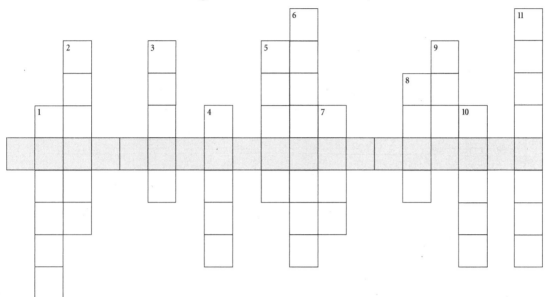

1. Está encima de los hombros.

2. Aquí está el pelo.

3. Tienes dos para escuchar.

4. Si juegas al fútbol, no las puedes usar.

5. Hay cinco en la mano.

6. Si te duele no debes comer.

7. Puede ser negro o rubio.

8. Te duelen cuando caminas mucho.

9. Son para ver.

10. A veces te duele cuando tienes catarro.

11. Si te duele no puedes cantar.

11 Match each phrase in the left column with an appropriate ending in the right column. Use each ending only once.

_____ 1. La nieve…

_____ 2. Yo…

_____ 3. La secadora de pelo…

_____ 4. Mi mano…

_____ 5. Mi hermano…

> **a.** es fría.
> **b.** está fría.
> **c.** está contento.
> **d.** soy muy alto.
> **e.** está en el baño.

VOCABULARIO 2/GRAMÁTICA 2

12 Your parents want you to lead a healthy life. What advice do they give you? Write informal commands using the verbs in parentheses.

MODELO (comprar) **No compres muchos dulces.**

1. (sentirse) _____

2. (acostarse) _____

3. (ser) _____

4. (hacer) _____

5. (ir) _____

6. (cuidarse) _____

7. (estar) _____

8. (salir) _____

9. (bañarse) _____

10. (dar) _____

11. (bajar) _____

13 Mira los dibujos. Describe qué tiene cada persona, y por qué. Luego, explica cómo se siente cada una. El primero ya se hizo *(has been done)*.

1. Beto

2. Débora

3. Juan Pablo

4. el señor Castro

1. **Beto tiene calor porque hace mucho sol. Se siente contento.**

2. _____

3. _____

4. _____

66

14 Carlos está enfermo. Usa la forma correcta de las palabras del cuadro, y otras palabras si necesitas, para completar la conversación entre Carlos y su mamá.

sentirse	suficiente	doler	ver	pasar
ponerse	grasa	levantarse	seguir	

Mamá   Carlos, por favor (**1**)_____ ya y

(**2**)_____ la ropa para ir al colegio.

Carlos   Ay, Mamá, yo (**3**)_____ muy mal.

Mamá   ¿Qué te (**4**)_____?

Carlos   (**5**)_____ el estómago.

Mamá   Sí, (**6**)_____ mal.

Carlos   Estoy mal porque no duermo (**7**)_____.

Mamá   No, estás mal porque (**8**)_____ una dieta mala.

No comas (**9**)_____.

Carlos   Sí, mamá, es cierto.

15 Your friend isn't very healthy. Read her statements, then tell her what to do and what not to do. Follow the **modelo** and use direct object pronouns when possible.

MODELO   Tengo ganas de tomar un refresco. **No lo tomes. Bebe un vaso de leche.**

1. ¡Me encantan las papas fritas! _____

2. No quiero entrenarme el cuerpo. _____

3. No me gusta lavarme los dientes. _____

4. Siempre me siento cansada. _____

16 Tienes un(a) amigo(a) que no se cuida mucho. Escríbele un párrafo (*paragraph*) para explicarle qué debe hacer y qué no debe hacer para cuidarse mejor. Usa **necesitar, deber, ¿sabes qué?** y **¿por qué no…?**

_____

_____

_____

_____

_____

_____

_____

Cuerpo sano, mente sana

Joaquín participa en un club de fútbol en Argentina. En la siguiente lectura, él describe qué hacer para jugar bien.

Si quieres jugar al fútbol debes mantenerte en forma. Levántate temprano todos los días. Entrena las piernas y los pies para correr rápidamente. Haz ejercicios para estirar la espalda, los hombros y el cuello. Aprende *(learn)* a controlar la pelota con los pies y la cabeza, ¡no con las manos ni los dedos! Para entrenarte también puedes practicar otros deportes o montar en bicicleta.

Cuida tu salud. No te acuestes tarde. Debes dormir ocho horas cada noche. Sigue una buena dieta de verduras, frutas y algo de carne y pescado. Toma leche y no comas mucho dulce ni grasa para no subir de peso, y por supuesto *(of course)* ¡no fumes!

Si estás enfermo, o siempre tienes catarro y te sientes mal, cuídate. No vayas al entrenamiento. Quédate en la casa y descansa. Si estás muy cansado y te duele la garganta, toma jugo de naranja y haz una siesta para relajarte.

Si sigues estos consejos, nunca vas a estar aburrido ¡y vas a poder jugar al fútbol como *(like)* un campeón!

17 For each word from the reading (in the left column), find an English equivalent (in the right column).

_____ **1.** consejos

_____ **2.** pelota

_____ **3.** quédate

_____ **4.** rápidamente

_____ **5.** campeón

> **a.** stay
> **b.** champion
> **c.** fast
> **d.** advice
> **e.** ball

18 Contesta *(answer)* las siguientes *(following)* preguntas en español. Usa oraciones completas.

1. ¿Qué partes del cuerpo debes entrenar si quieres jugar al fútbol?

_____

2. ¿Qué partes del cuerpo no usas en el fútbol? _____

3. ¿Qué necesitas comer o no comer? _____

_____

4. ¿Qué debes hacer si estás enfermo? _____

_____

5. ¿Qué tienes que hacer para jugar como un campeón? _____

_____

Cuerpo sano, mente sana

19 Mira los dibujos. Describe qué hace cada persona. Luego, escribe qué va a hacer después. El primero ya se hizo.

1.   2.   3.

4.   5.   6.

1. **El muchacho y la muchacha juegan al básquetbol. Después van a comer.**

2. _____

3. _____

4. _____

5. _____

6. _____

20 Write the Spanish name for the body part described by each phrase below. The first one has been done for you.

1. Límpiala con la servilleta. _____ **la boca** _____

2. Los necesitas para escuchar tu música rock. _____

3. Usas todos cuando tocas el piano. _____

4. Entrenas esta parte de la pierna cuando montas en bicicleta. _____

5. Tienes que protegerlas (*protect them*) cuando usas el horno. _____

INTEGRACIÓN

21 Juan filled out a health survey for his doctor. Read it and then give Juan some advice about food, exercise, and sleep.

Encuesta sobre hábitos de salud

A. ¿Cuánto ejercicio haces? ¿Qué ejercicio haces?

No soy muy atlético. Cuando hace sol voy a la playa. A veces camino un poco. Nunca juego al fútbol y tampoco corro. Me encanta leer o navegar por Internet.

B. ¿Haces un trabajo activo?

Tengo algunos quehaceres en casa. Lavo los platos y a veces corto el césped.

C. ¿Cuál es tu comida preferida?

Las papas fritas y los perros calientes. No como verduras nunca y tampoco tomo leche—prefiero refrescos dulces. Pero siempre como postre. Me gustan las frutas. La leche y el cereal me parecen horribles.

D. ¿Comes bien?

Sí. Desayuno huevos con mucho tocino. Meriendo por la mañana, por la tarde y por la noche. Nunca almuerzo porque no tengo hambre al mediodía.

E. ¿Cuánto duermes?

No mucho. Hago tareas hasta la medianoche y después veo televisión. Me levanto tarde para el colegio y a veces me duermo en clase.

F. ¿Te sientes enfermo a veces?

Sí, a menudo me duele el estómago y también la cabeza. Me siento cansado.

1. la comida: _____

_____

_____

_____

_____

2. el ejercicio: _____

_____

_____

_____

_____

3. el sueño: _____

_____

_____

_____

_____

Vamos de compras

1 **¿Es una ganga o un robo?** For each statement, mark the appropriate answer with an "X".

	¡Es una ganga!	¡Es un robo!
1. un saco que cuesta $10		
2. una chaqueta que cuesta $324		
3. unos pantalones que cuestan $12		
4. un vestido de algodón que cuesta $275		
5. una camisa que cuesta $95		
6. unos pantalones cortos que cuestan $2		
7. una blusa de seda que cuesta $8		
8. una camiseta de algodón que cuesta $73		

2 A large chain store is calculating how much clothing it sold last year. Look at the pictures. Then, write how many of each item it sold.

  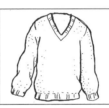 

MODELO	1.	2.	3.

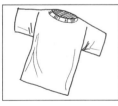   

4.	5.	6.	7.

MODELO (3.231) **tres mil doscientos treinta y un pares de botas**

1. (40.621) _____

2. (15.702) _____

3. (9.531) _____

4. (2.000.106) _____

5. (1.180) _____

6. (1.000.000) _____

7. (80.100) _____

VOCABULARIO 1/GRAMÁTICA 1

3 Completa el crucigrama *(crossword puzzle)* con artículos de ropa.

VERTICAL

1. Los llevas en las piernas.
2. Son necesarios para practicar deportes.
3. Es un artículo para mujeres.

HORIZONTAL

4. Es necesario para nadar.
5. Lo llevas en la cabeza.
6. Las usas en los pies en el verano.
7. Te pones estas cosas antes de los zapatos.
8. En Alaska necesitas uno muy bueno.

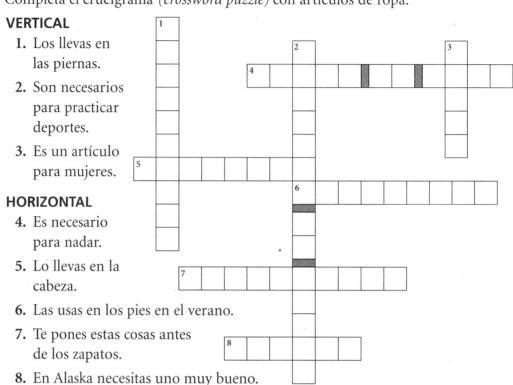

4 Lucía is looking at sweaters that are close to her and skirts that are farther away. Use the correct form of the demonstrative adjectives to complete her thoughts below.

Ay, no sé. Me gustan (**1**)_____ suéteres azules. Pero (**2**)_____ faldas también me gustan y son más baratas. (**3**)_____ suéter rojo es bonito. Pero no tengo una falda roja. (**4**)_____ falda roja está a la última moda. No voy a comprar este suéter porque (**5**)_____ talla de suéter me queda grande. ¡Me llevo la falda!

5 Compara las características de Sara con las características de su hermana Olga.

| Sara | muy atlética | 14 años | delgada | muy alta | bonita |
| Olga | algo atlética | 12 años | muy delgada | alta | bonita |

MODELO Sara es más atlética que Olga.

1. _____
2. _____
3. _____
4. _____

VOCABULARIO 1/GRAMÁTICA 1

6 Supply the questions in the conversation between a clerk and a customer. The first one has been done for you.

1. Nada más estoy mirando. **¿En qué le puedo servir?** _____

2. Uso la doce. _____

3. Uso el nueve. _____

4. Busco una blusa de seda. _____

5. Le queda pequeña. _____

6. Me parecen muy bonitas. _____

7. Cierra a las ocho. _____

7 El dependiente quiere ayudar a Pablo, pero Pablo piensa que el dependiente no tiene razón. Escribe las respuestas de Pablo.

MODELO Ese abrigo le queda muy bien. **No, me queda muy mal.**

1. Estos zapatos son tan buenos como esos zapatos. _____

_____

2. Esta chaqueta está a la última moda. _____

3. Usted necesita una talla más pequeña. _____

4. Esta camiseta es barata. Además, es buena. _____

5. Este abrigo es para hombres. _____

8 Compare what Trina and Ema do. Use **más, menos,** and **tanto.**

Trina	compra tres sacos	gasta $150	tiene $250
Ema	compra dos sacos	gasta $150	tiene $150

1. Trina compra _____ que Ema.

2. Trina gasta _____ dinero como Ema.

3. Ema es _____ rica que Trina.

9 Busca la palabra que no va con las otras. Escribe la palabra en la línea.

1. cliente   dependiente   morado   _____

2. mil   bolsa   sombrero   _____

3. rojo   dinero   amarillo   _____

4. gris   anaranjado   lana   _____

Vamos de compras

10 Escoge la respuesta correcta para cada pregunta.

_____ **1.** If you request a certain **talla** in a Latin American country, what are you buying?
  a. shoes   **b.** clothes

_____ **2.** Why are shoe sizes in Spanish-speaking countries different from those in the U.S.?
  a. They make smaller shoes.   **b.** They use the metric system.

_____ **3.** What is a **guayabera?**
  a. a Cuban shirt   **b.** a Cuban rhythm

_____ **4.** Where do people **regatear** in Latin America?
  a. chain stores   **b.** open-air markets

_____ **5.** In which two states could you best market products to the Spanish-speaking population?
  a. California and Florida   **b.** Oregon and Kansas

11 Tell whether each of the following statements is **a) cierto** or **b) falso.**

_____ **1.** **Las croquetas** is a dance performed during the Miami Carnival.

_____ **2.** **La Pequeña Habana** is a Cuban district in Miami.

_____ **3.** St. Augustine, Florida was founded in 1865.

_____ **4.** Oranges were first brought to Florida by Spanish explorers.

_____ **5.** Typical ingredients in **floribeño** foods include plantains, shell fish, and mangoes.

12 Write a paragraph about the **Carnaval de Miami.** Be sure to mention where it takes place in the city, what it celebrates, and one type of music you can hear.

_____

_____

_____

_____

_____

_____

_____

_____

_____

Vamos de compras

13 Eva calls Héctor's house to speak with him. For each question or statement on the left, write the letter of Eva's response on the right.

_____ **1.** Aló.

_____ **2.** ¿De parte de quién?

_____ **3.** Espera un momento.

_____ **4.** Hola, Eva. ¿Adónde fuiste ayer?

_____ **5.** ¿Qué hiciste?

_____ **6.** ¿No compraste nada?

_____ **7.** ¿Cuánto costó?

> **a.** Fui al centro comercial.
> **b.** Habla Eva.
> **c.** ¡Uf! Pagué una fortuna.
> **d.** Hola. ¿Está Héctor?
> **e.** Sí, compré un montón de ropa.
> **f.** Miré las vitrinas.
> **g.** Gracias.

14 All your friends have been to see the latest movie. Number the statements below in order from the person(s) who saw it last to the person(s) who saw it first. The first one has been done for you.

__1__ Enrique fue hoy.

_____ Berta y Sammy fueron anteayer.

_____ Julio fue el fin de semana pasado.

_____ Carmen fue anoche.

_____ Elisa y Kitty fueron la semana pasada.

_____ Renata fue ayer.

15 Anoche tus amigos fueron a una fiesta. Describe qué hizo cada persona antes de la fiesta. Usa los verbos del cuadro.

levantarse	**maquillarse**	**secarse**	**bañarse**
lavarse	**afeitarse**	**peinarse**	

MODELO Mirta **Mirta se levantó.**

1. Víctor _____

2. Raúl y Miguel _____

3. Alex y yo _____

4. Sabina y Aida _____

5. tú _____

6. Toñita _____

VOCABULARIO 2/GRAMÁTICA 2

16 Use the cues below to tell three things that each person did in chronological order. Use complete sentences.

MODELO Emilio y Rafa: mirar, comprar, escuchar
Ellos miraron las vitrinas, compraron unos discos compactos y escucharon música.

1. tú: trabajar, ahorrar, gastar

   _____

2. Adrián: preparar, probar, tomar

   _____

3. Yo: arreglar, limpiar, descansar

   _____

17 Each store in the mall is labeled in the floor plan below. Complete the sentences to tell where the people listed went and what they did there. The first one has been done for you.

Mapa del Centro Comercial Suramericano

Vida Musical	Heladería Fríos	Joyería González	Plaza de Comida
1	2	3	
			4
7 Ropa Para Todos	6 El Zapato	5 Libros y Más Libros	

1. Tú y yo **fuimos a la tienda de música a comprar un DVD en blanco.**
2. Yo _____
3. Tú _____
4. Ustedes _____
5. Nosotros _____
6. Mariela _____
7. Elena y José _____

VOCABULARIO 2/GRAMÁTICA 2

18 Escribe adónde fue cada persona y para qué *(for what reason)* fue allí. Usa oraciones completas y sigue el modelo.

MODELO

MODELO Beatriz y Érica fueron al almacén a mirar las vitrinas.

1.

2.

3.

1. _____

2. _____

3. _____

19 Llamas a tu amigo Nico Suárez por teléfono pero él no está en casa. La señora Suárez contesta el teléfono. Déjale a Nico un recado y no olvides decir *adiós.*

_____
_____
_____
_____
_____
_____
_____
_____

Vamos de compras

20 Read the following advice column in a Spanish-language magazine. Then answer the questions below in English.

Victoria aconseja

Estimada Victoria:

¡Mi hermana es adicta a las compras! La semana pasada fue a un almacén y regresó con veintitrés pares de zapatos. Los pagó con la tarjeta de crédito de mi padre. Ahora no puede salir con sus amigas al centro comercial. Pero anteayer un hombre llegó a nuestra casa con un montón de ropa: vestidos, blusas, faldas y trajes de baño. ¡Todo, pero no zapatos! Mi hermana gastó más de trescientos dólares en ropa que compró por Internet. Mis pobres padres pagaron una fortuna.

¿Qué podemos hacer para controlar a mi hermana?

Sin Dinero en Lima

Estimado Sin Dinero:

Me parece que la solución a tu problema es fácil. ¡Busca un trabajo para tu hermana en una tienda de ropa! Primero, tus padres tienen que cuidar mejor sus tarjetas de crédito. Después, tu hermana debe ir a las tiendas a pedir trabajo (¡no a comprar!). Ella necesita ahorrar dinero para pagar a tus padres. Yo creo *(think)* que después de preguntar a los clientes: «¿En qué le puedo servir?» más de tres mil veces al día, tu hermana va a mirar las vitrinas y pensar antes de gastar. ¡Buena suerte!

Victoria

1. What is the problem described in the letter to Victoria?

_____

2. Who showed up at the door the day before yesterday?

_____

3. How is the sister paying for her purchases?

_____

4. Why does Victoria want the sister to go to a clothing store again?

_____

21 What two benefits does Victoria expect from her solution? Do you think it will work? Why?

_____

_____

_____

_____

(78)

Vamos de compras

22 Use informal commands and direct object pronouns (when appropriate) to tell María where to go to find each thing listed below.

MODELO Necesito unos aretes nuevos. (comprar) **Cómpralos en la joyería.**

1. Quiero unos discos compactos. (ir) _____
2. Las sandalias me quedan grandes. (devolver) _____
3. Mi hermano quiere un libro. (pedir) _____
4. Quiero un batido. (tomar) _____
5. Mi madre necesita unos aretes. (buscar) _____

23 A flood damaged everything in your house. But with the insurance money you got to buy all new stuff! Write two things that you bought for each room and say where they are in relation to each other.

MODELO la sala **Compré un sofá y una televisión.**
El sofá está lejos de la televisión.

1. la habitación _____

_____

2. la cocina _____

_____

3. el comedor _____

_____

24 Fill in the blanks to compare these foods. Each comparison should be different.

MODELO Las manzanas son **más deliciosas que** las naranjas.

1. El pollo es _____ la carne.
2. El queso es _____ un tomate.
3. Una zanahoria es _____ un durazno.
4. La leche es _____ el pan.

INTEGRACIÓN

25 Describe qué ropa vas a usar para ir a los siguientes lugares *(places)*.

MODELO una fiesta de cumpleaños de tu mejor amiga
Voy a llevar un vestido rojo, sandalias y una pulsera.

1. la boda de tu prima en Maine en enero

_____

_____

2. el picnic del Día de la Independencia

_____

_____

3. para salir a patinar cuando nieva

_____

_____

4. para ir al centro comercial por la tarde con amigos

_____

_____

5. el partido de fútbol americano en noviembre

_____

_____

6. una fiesta en la playa en agosto

_____

_____

26 Describe tu día de ayer. Incluye qué hiciste, qué comiste, adónde fuiste, a quiénes viste y a qué hora te acostaste.

_____

_____

_____

_____

_____

_____

_____

_____

_____

¡Festejemos!

1 Write the name of each holiday described in the clues. Then, read downwards to find a description of how the celebrations were. Circle your answer.

  1. Es el 24 de diciembre por la noche.

  2. Vas a misa o a la iglesia. Esta fiesta termina el domingo.

  3. Vamos a festejar el primero de enero.

  4. Mandas una tarjeta a tu papá.

  5. Celebramos esta fiesta al final de noviembre.

  6. En este día todos recibimos regalos.

  7. Es un día para ir a la sinagoga y reunirse con la familia.

  8. Puedes preparar un almuerzo para tu mamá.

  1.
  2.
  3.
  4.
  5.
  6.
  7.
  8.

2 Everybody is talking about their favorite holidays. Match each question from the first column with a logical response from the second column.

  _____ **1.** ¿Dónde pasaron la Semana Santa el año pasado?

  _____ **2.** ¿Qué tal estuvo el Hanukah?

  _____ **3.** ¿Qué piensas hacer para el Día del Padre?

  _____ **4.** ¿Van a reunirse con la familia en el día festivo?

  _____ **5.** ¿Adónde van a ir el Día de la Madre?

  a. Vamos a invitar a mi papá a un concierto en el parque.
  b. La pasamos como siempre, en una casa en el campo.
  c. Sí, queremos pasarlo con nuestros abuelos.
  d. A todo dar. Nos reunimos para una gran cena de familia.
  e. No vamos a ninguna parte. Pensamos hacer un almuerzo en casa.

VOCABULARIO 1/GRAMÁTICA 1

3 Pregunta *(ask)* a tu amigo qué va a hacer para un diá festivo en febrero, en julio, en diciembre y en enero. Después, escribe sus respuestas. Sigue el **modelo.**

> **MODELO** febrero: **¿Qué vas a hacer el Día de los Enamorados?**
> **Pensamos cenar y luego salir a bailar por la noche.**

1. julio: _____

   _____

2. diciembre: _____

   _____

3. enero: _____

   _____

4 Put these blocks together. Choose a preterite ending on the right that can replace the ending of each verb on the left to make a correct preterite verb. Then, write a sentence with each verb on the lines below. The first one has been done for you.

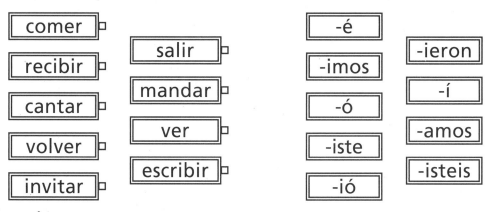

1. **Él comió mucho postre.** _____

2. _____

3. _____

4. _____

5. _____

6. _____

7. _____

8. _____

9. _____

(82)

VOCABULARIO 1/GRAMÁTICA 1

5 Contesta las siguientes preguntas con una forma del verbo **pensar.**

1. ¿Qué piensas hacer en la Nochevieja?

_____

2. ¿Qué planes tiene tu familia para el día festivo?

_____

3. ¿Vas a festejar el Día de Acción de Gracias en casa de tus amigos?

_____

6 Escribe dos oraciones para decir adónde fue Jaime en cada uno de estos días festivos y cómo los celebró.

MODELO   **1.**   **2.**

MODELO **En el Día de Acción de Gracias fui a casa de mis primos. Comimos mucho y luego jugamos al fútbol.**

1. _____

_____

2. _____

_____

7 Contesta las preguntas en frases completas.

1. ¿Con quién piensas pasar el Día de la Independencia? _____

_____

2. ¿Adónde piensan ir? _____

_____

3. ¿Qué piensan comer? _____

_____

4. ¿Qué piensan ver? _____

_____

5. ¿A qué hora piensas regresar? _____

_____

¡Festejemos!

8 Fill in the blanks to complete the following sentences about things you can see in the Dominican Republic.

1. The roof in some Dominican houses is made of _____.

2. An important building in the neoclassic style located in Santo Domingo is the Palacio _____.

3. Dominicans love to watch _____, their national sport.

4. **Diablos cojuelos** are people dressed in costumes that have _____ _____ hanging from them.

5. Two animals found in Lago Enriquillo are _____.

9 Match each description on the left with an expression on the right.

_____ 1. People gather along the **malecón** to watch a parade celebrating this holiday.

_____ 2. This Dominican dish is made with ground meat and plantains.

_____ 3. This is a Dominican term for a 15-year-old girl.

_____ 4. This is a popular dance.

_____ 5. This event is held every year with participants from the Dominican Republic and other countries.

a. quinceañera
b. El festival de jazz
c. El Carnaval
d. pasteles en hojas
e. el merengue

10 You are in Santo Domingo at **Carnaval** time. After the events of the day, you are invited to a party at a friend's house. Describe what your day might be like. Tell what you see and do, then what the party is like and at what time it ends.

_____

_____

_____

_____

_____

_____

_____

_____

_____

_____

_____

_____

¡Festejemos!

11 La señora González está arreglando su álbum de fotos. Ayúdale a poner en orden cronológico (*chronological order*) sus fotos de las siguientes celebraciones.

aniversario	boda	quinceañera	primer cumpleaños	graduación

1. _____

2. _____

3. _____

4. _____

5. _____

12 Read the following comments related to a party. Then, check the correct boxes to indicate whether you heard them before the party or during the party.

	antes	durante
1. Allí vienen Alonso y Mercedes.		
2. Te presento a mis padres.		
3. Estamos colgando las decoraciones.		
4. No estoy lista todavía. Necesito peinarme.		
5. ¡Tanto tiempo sin verte!		
6. ¿Qué hay de nuevo?		
7. Lucía está contando chistes y Bruno está charlando.		
8. Tanto gusto. ¡Feliz aniversario!		
9. Anoche preparé las empanadas y compré las papitas.		

13 Teresa y Jaime van a hacer una gran fiesta. Describe los preparativos que están haciendo según los dibujos (*according to the drawings*).

MODELO   1.   2.   3.

MODELO Teresa está preparando una cena riquísima.

1. _____

2. _____

3. _____

85

VOCABULARIO 2/GRAMÁTICA 2

14 Tu familia está terminando los preparativos para una fiesta. Contesta las preguntas de tu hermana con un pronombre de complemento directo *(direct object pronoun)*. Sigue el **modelo.**

MODELO Freddie, ¿ya colgaste los globos *(balloons)*? **Los estoy colgando.**

1. ¿Papá ya compró la piñata? _____

2. ¿Mamá calentó las empanadas? _____

3. ¿Cristina arregló su vestido? _____

4. ¿Adrián y Carlos cocinaron los pasteles en hoja? _____

   _____

5. ¿Tú y Papá prepararon el ponche? _____

   _____

15 Mira el dibujo de la fiesta de María y contesta las siguientes preguntas.

1. ¿Qué clase *(kind)* de fiesta es ésta? ¿Cómo lo sabes? _____

   _____

2. ¿Qué está haciendo Víctor? _____

3. ¿Hay algo para tomar? ¿Qué es? _____

4. ¿Qué están haciendo Aura y Henry? _____

5. ¿Qué está haciendo María? _____

6. ¿Qué están haciendo Sonia y Diego? _____

7. ¿Hay música en la fiesta? ¿Cómo lo sabes? _____

   _____

16 Complete the following dialogue with a form of **conocer**. Don't forget to use **a** or **al** when appropriate.

1. —Carlos, ¿ya _____ mi amigo Guillo?

2. —¡Hola, Guillo! Yo te _____. Eres el primo de Zita.

3. —Sí, ¿_____ Zita?

4. —Claro que sí. Mis padres también la _____.

5. —Zita vive en Higüey. ¿Tú _____ esa ciudad?

6. —No, nosotros no la _____.

7. —Guillo puede enseñarte la ciudad. Él la _____ bien.

17 Escribe algo que vas a hacer en las siguientes ocasiones. Sigue el **modelo.**

MODELO (el día de tu santo) **En el día de mi santo voy a reunirme con mis amigos en un restaurante.**

1. tu boda _____

_____

2. una fiesta sorpresa para tu cumpleaños _____

_____

3. tu graduación _____

_____

18 Estás en una fiesta. Escribe un párrafo describiéndola. ¿Quiénes son los invitados? ¿Qué están festejando? ¿Hay decoraciones y comida? ¿Qué están haciendo los invitados?

_____

_____

_____

_____

_____

_____

_____

_____

_____

_____

_____

¡Festejemos!

19 Sabina is at a party that didn't turn out the way she expected. Read her thoughts below, then answer the questions in English.

¡Esta fiesta de quinceañera empezó muy mal! Primero, no están terminados *(haven't finished)* los preparativos y ya llegaron los invitados. Las decoraciones están en las sillas y en el sofá, y la muchacha del cumpleaños no está lista. Creo que se está peinando. Los invitados no están bailando porque no hay *(there isn't any)* música para escuchar.

Después de charlar un rato, buscamos algo para beber pero el ponche está muy dulce. Todos estamos con hambre pero las papitas no nos gustaron porque están viejas. Y las galletas con queso están saladas. Me parece que el perro también está con mucha hambre porque cuando nadie lo vio, se subió *(climbed)* a la mesa y comió el pastel de cumpleaños. Decidimos comer helados y contar chistes. Los helados están riquísimos y los chistes están muy graciosos. ¡Al final pienso que vamos a divertirnos mucho!

1. How old is the birthday girl at this party? _____

2. Where are the decorations when the guests arrive? _____

_____

3. Why aren't the guests dancing? _____

_____

4. What is wrong with the food? _____

_____

5. Who got to enjoy the birthday cake? _____

6. How do the guests finally have fun? _____

_____

20 Escribe un diálogo sobre una fiesta. Tres amigos se saludan, hablan de la fiesta y dicen qué están haciendo otros jóvenes en la fiesta. Luego se despiden *(say goodbye)*.

_____

_____

_____

_____

_____

_____

¡Festejemos!

21 Read this guide for planning a party. Then decide if the statements that follow are
a) cierto or **b) falso.**

Cómo planear tu fiesta de aniversario

Tres meses antes de la fiesta:
Decidir dónde se va a hacer la fiesta
Mandar invitaciones
Pensar en el menú

Un mes antes:
Comprar y empacar *(wrap)* regalos
Pedir un pastel de aniversario
Alquilar mesas, asientos y platos
Comprar decoraciones

Una semana antes:
Escribir una tarjeta de aniversario
Escoger *(choose)* la música

El día de antes la fiesta:
Limpiar la casa
Mezclar el ponche
Preparar la comida

El día de la fiesta:
Poner la mesa
Colgar las decoraciones
Recibir a tus invitados
¡Divertirte!

_____ **1.** Para planear *(to plan)* bien tu fiesta, debes estar bien organizado.

_____ **2.** El día de la fiesta es mejor levantarte temprano para preparar la comida.

_____ **3.** Debes comprar todo lo necesario la semana antes de la fiesta.

_____ **4.** Primero, arregla la casa. Luego puedes alquilar lo que necesitas.

_____ **5.** Cuando todo está listo, puedes pasar el rato con tus amigos.

22 Acabas de saludar *(greet)* a un viejo amigo en una fiesta. Contesta sus preguntas.

1. ¡Hola! ¿Dónde estás viviendo ahora? _____

_____

2. Te veo muy bien. ¿Qué haces para mantenerte en forma? _____

_____

3. ¿Adónde fuiste el año pasado durante las vacaciones?_____

_____

4. Te queda fenomenal esa camisa. ¿Dónde la compraste? _____

_____

5. ¿Qué tal si salimos mañana a comer algo y charlar? _____

_____

INTEGRACIÓN

23 Sofía va a festejar su cumpleaños. Escribe dos oraciones para describir qué pasa en cada dibujo *(drawing)*. El primero ya se hizo.

1.

2.

3.

4.

5.

6.

1. **Sofía está dando una tarjeta a Carlos. Ella lo está invitando a su fiesta.**

2. _____

_____

3. _____

_____

4. _____

_____

5. _____

_____

6. _____

_____

¡A viajar!

1 Find 10 Spanish words having to do with travel in the puzzle below. Then write them out on the blanks to the left.

1. _____

2. _____

3. _____

4. _____

5. _____

6. _____

7. _____

8. _____

9. _____

10. _____

```
d f g u k q n v u e l o v c j w a b
e n e r e p s a l d a d u a n a y a
m x y u o a v y w b i c t y a o q e
a u t n r n x b t y z i b p t a c r
p n ñ s i t c u l e m e n a m p l o
a o t u i a o l u b a u m s q s t p
p e l o w l b r o o l p e a r o w u
m i s b o l e t o a e i h j e r z e
i l o v r a s e c i t o u e t u s r
s a l i d a z y r r a p o r p o i t
f h u e d a y m a y w t b o l s a o
```

2 Nicolás y Gary hacen un viaje y Nicolás quiere saber que todo está bien. Escoge la respuesta más lógica para cada pregunta que él hace.

_____ **1.** ¿Tienes euros?

_____ **2.** ¿Sabes dónde están los servicios?

_____ **3.** ¿Sacaste dinero?

_____ **4.** ¿Ya tienes la tarjeta de embarque?

_____ **5.** ¿Te encontraste con nuestro tío?

> **a.** Sí, ya pasé por el cajero automático.
> **b.** No, todavía no hablé con el agente.
> **c.** No, todavía tengo que buscarlo.
> **d.** Sí, ya los vi a la vuelta.
> **e.** No, todavía tengo que ir a la oficina de cambio.

3 The following sentences were overheard at an airport. Tell whether the person speaking has just arrived home (**ya llegó**) or is just leaving (**se va**).

1. ¡Dejé mi boleto en casa! _____

2. ¿Sabes a qué hora sale el vuelo? _____

3. ¿Me puede decir dónde está el reclamo de equipaje? _____

4. No te preocupes; no vamos a perder el vuelo. _____

4 Decide si los siguientes verbos hablan de una persona o del tiempo. Luego, escribe una oración completa con cada uno. Sigue el **modelo.**

MODELO hizo frío (**el tiempo**) **Ayer hizo mucho frío.**

1. llovió _____

2. hizo cola _____

3. hizo viento _____

4. hizo planes _____

5. nadó _____

6. nevó _____

5 Tú te fuiste de vacaciones con tu familia. Contesta si las siguientes personas hicieron o no hicieron estas cosas.

MODELO sacar dinero ¿tu hermana? **Mi hermana sacó dinero.**
          ¿tú?   **Yo no saqué dinero nunca.**

1. llegar tarde a comer

   ¿tus padres? _____ _____

   ¿tú? _____

2. buscar una tienda

   ¿tu madre? _____

   ¿tú? _____

3. almorzar en la playa

   ¿tu familia? _____

   ¿tú? _____

6 Complete Lourdes' conversation with an employee at the airport by supplying appropriate questions.

Lourdes (1)_____

  Agente Lo siento, no sé.

Lourdes (2)_____

  Agente Allí, a la vuelta.

Lourdes (3)_____

  Agente En cualquier tienda.

(92)

7 Mario ya hizo muchas cosas en el aeropuerto. Lee cada oración y escribe otra cosa que él lógicamente *(logically)* ya hizo.

MODELO Mario no tiene el equipaje. **Ya facturó el equipaje.**

1. Mario tiene la tarjeta de embarque. _____

_____

2. Mario tiene pesos en su billetera, no dólares. _____

_____

3. Mario ya sabe la hora de llegada y salida de su avión. _____

_____

4. Mario guarda *(puts away)* el carnet de identidad y el pasaporte. _____

_____

5. Mario se sienta al lado de un pasajero en el avión. _____

_____

8 Write in order the things these people did when they went on a trip.

MODELO Sarita (facturar la maleta / abrir la maleta / hacer la maleta)
Sarita abrió la maleta, la hizo y la facturó.

1. tú (volver de Maine / ir a Maine / salir a pasear en Maine)

_____

2. yo (abordar el avión / esperar el avión / buscar la sala de espera)

_____

3. tus primos (ir a la puerta de salida / llegar al aeropuerto / ver la pantalla)

_____

_____

4. tus hermanas (salir para la ciudad / hacer cola en la aduana / recoger el equipaje)

_____

_____

5. Jacobo y tú (pasar a la sala de espera / recibir la tarjeta de embarque / mostrar el carnet de identidad)

_____

_____

(93)

¡A viajar!

9 You are an anthropologist working in Peru and you're being interviewed by a television journalist. Answer the following questions.

1. What are the Uros Islands made of? _____

2. How did the Incas show their appreciation of quinoa?

_____

3. Name one way to travel from Cuzco to Machu Picchu. _____

4. Why do you think that Peru's Manu Biosphere Reserve is important?

_____

5. What element is scarce in the high altitude of Peru? _____

6. What Peruvian plant is imported to the U.S. for its nutritional value?

_____

10 Indicate whether the following statements are **cierto** or **falso.**

_____ 1. Lake Titicaca is the highest navigable lake in the world.

_____ 2. The Amazon River begins in Ecuador and crosses the Peruvian forest.

_____ 3. Lima, the capital of Peru, is located on the coast.

_____ 4. War balls were used as weapons by the Incan armies against their enemies during battles.

_____ 5. Peru has three main geographic regions.

11 Write a short paragraph on three important archaeological sites in Peru: Machu Picchu, Nazca, and Cuzco. Describe them briefly and say why they are interesting places to visit.

_____

_____

_____

_____

_____

_____

_____

_____

_____

_____

(94)

¡A viajar!

12 El agente tiene todos los boletos confundidos *(mixed up)*. Decide el destino *(destination)* de cada persona. Luego, escribe el nombre de cada persona en el boleto correcto. Usa cada nombre sólo una vez.

```
————————————————— AIR ✈
Pasajero: _____
Destino: Washington, D.C.
```

```
————————————————— AIR ✈
Pasajero: _____
Destino: Orlando, Florida
```

```
————————————————— AIR ✈
Pasajero: _____
Destino: Honolulu, Hawaii
```

```
————————————————— AIR ✈
Pasajero: _____
Destino: Cuzco, Perú
```

1. Hola. Soy Nacho Hernández. Me gustaría ir a la playa a tomar el sol y pasear en bote de vela.

2. Yo soy Héctor Valdez. Espero recorrer el país y conocer las ruinas de Machu Picchu.

3. Me llamo Fernando Rojas. Pienso recorrer la ciudad y ver los museos.

4. Soy la señora Peña. Mis dos hijos quieren ir a un parque de diversiones.

13 Your friends are talking about their vacations. Write an appropriate exclamation in response to each statement.

MODELO En Hawaii nadamos en un cráter. **¡Qué fantástico!**

1. Paseamos en lancha y por fin esquiamos en el lago. _____

2. Julieta perdió su billetera. _____

3. Yo subí la montaña sola. _____

4. No pude reunirme con mis amigos. _____

5. Fuimos de pesca y regresamos con muchos peces. _____

14 Match each comment below with the most appropriate informal command.

_____ 1. Quiero pasear en mi canoa.

_____ 2. Quiero dormir en la montaña.

_____ 3. Necesito un hotel.

_____ 4. Algún día quiero ir a Roma.

_____ 5. Hace mucho frío y no tengo abrigo.

a. Sal a acampar.
b. Ve al centro de la ciudad.
c. No salgas.
d. No vayas en tren; ve en avión.
e. Ponla en el lago.

VOCABULARIO 2/GRAMÁTICA 2

15 Toda la familia llegó a Nueva York para una gran reunión de familia. Mira los dibujos. Luego, escribe una oración para describir el medio de transporte que tomó cada persona. Usa el pretérito de los verbos entre paréntesis.

1.

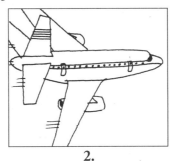
2.

3.

4.

5.

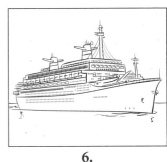
6.

1. Paloma (venir) **Paloma vino en autobús.** _____

2. Tú (hacer el viaje) _____

3. José (ir) _____

4. Sara y Ramón (llegar) _____

5. Mis sobrinas (venir) _____

6. yo (llegar) _____

16 Tú regresaste de un viaje a la ciudad de tus tíos. Contesta cada pregunta de tu madre con un pronombre de complemento directo (*direct object pronoun*).

1. ¿Visitaste todos los museos? _____

2. ¿Viste la isla? _____

3. ¿Conociste a tus primas? _____

4. ¿Tu tío te llevó a pasear? _____

5. ¿Saliste a ver los lugares de interés? _____

6. ¿Tu tío te sacó en su lancha? _____

7. ¿Fuiste a recorrer el centro? _____

VOCABULARIO 2/GRAMÁTICA 2

17 Respond to each of Alejandra's statements below by telling her what she shouldn't do (with a negative command) and what she should do (with a positive command). Use the cues provided in parentheses.

MODELO No me gusta el sol. (ir a la playa / a la ciudad)
No vayas a la playa. Ve a la ciudad.

1. No quiero perder el avión. (llegar tarde / temprano)

_____

2. No entiendo las instrucciones para llegar a la ciudad. (seguir las instrucciones / el mapa) _____

3. Quiero tener la maleta lista a tiempo. (hacerla)

_____

4. Mi cámara no tiene flash. (sacar fotos por la noche / durante el día)

_____

5. Tengo que recoger mis lentes. (recogerlos mañana / hoy)

_____

6. Tengo que mandar una tarjeta postal. (mandarla en la oficina de cambio / en la oficina de correo) _____

_____

7. Quiero conocer todos los lugares de interés. (empezar hoy / mañana)

_____

18 Contesta las siguientes preguntas sobre un viaje real o imaginario que tú hiciste.

1. ¿Qué tal el viaje? _____

_____

2. ¿Adónde fuiste? _____

_____

3. ¿Qué hiciste? (dos cosas) _____

_____

4. ¿Cuántas fotos sacaste? ¿De qué?_____

_____

5. ¿Te quedaste en un hotel? _____

_____

¡A viajar!

19 Lee el aviso *(advertisement)*. Luego, contesta las preguntas.

Se buscan monitores de verano

¿Quieres trabajar este verano y pasarlo bien?
¡Busca trabajo en el campamento «Monos Locos» para divertirte
este verano!

Lugar: El campamento Monos Locos, cerca del Zoológico Central,
es para participantes entre las edades de 5 y 12 años.

Monitores: Todos los monitores tienen que tener de 16 a 19 años.

Experiencia: Los monitores tienen que saber nadar. Cada día van de
excursión a la Isla de Los Monos en canoa. Durante las excursiones los
participantes van de pesca y recorren la isla para aprender sobre los
animales. Pueden ver muchos tipos de monos *(monkeys)*, aves *(birds)*
y unas ruinas arqueológicas. Los viernes todos los participantes y
monitores acampan en la isla.

Fecha: 20 de junio a 10 de julio

Salario: 200 dólares por semana

Solicitud (*Application*): Para llenar una solicitud, ven al campamento
entre las ocho de la mañana y las tres de la tarde. Toma el tren
número 22 desde la estación de Córdoba, o el autobús 16 que sale
del Recaredo. Por favor, no llames por teléfono.

---

1. ¿Puedes participar en el campamento, o puedes ser monitor? ¿Por qué?

   _____

2. ¿Qué necesitan saber los monitores? ¿Por qué?

   _____

3. ¿Qué hacen los jóvenes en la isla?

   _____

4. ¿Qué pasa los viernes en el campamento?

   _____

5. ¿Cómo llega una persona al campamento?

   _____

6. ¿Te gustaría trabajar de monitor en el campamento? ¿Por qué?

   _____

(98)

¡A viajar!

20 Amalia is going to the beach. For each of her statements below, write a response telling her whether or not she should take the item in her suitcase. Use positive and negative commands with direct object pronouns.

MODELO ¿Debo llevar pantalones cortos? **Sí, llévalos.**

1. ¿Pongo sandalias en la maleta? _____

2. ¿Llevo este suéter de lana? _____

3. ¿Traigo un traje de baño? _____

4. ¿Traigo las botas de invierno? _____

5. ¿Y pongo el abrigo? _____

21 Beatriz llevó muchas cosas cuando hizo un viaje. Escribe para qué usó *(she used)* cada cosa. El primero ya se hizo.

1.

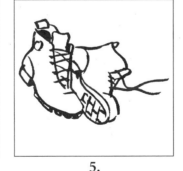

2.

(sunglasses image)

3.

4.

5.

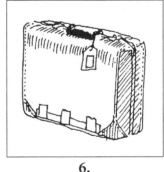

6.

1. **Beatriz lo usó para viajar en avión a otro país.** _____

2. _____

3. _____

4. _____

5. _____

6. _____

22 Today is Luisa's first day of vacation. Read her descriptions of her regular routine. Then tell how what she did today differed from her regular routine. Follow the **modelo.**

MODELO Todos los días me despierto a las siete y media.
　　　　Hoy me desperté a las nueve.

1. Normalmente me levanto de la cama a las ocho menos cuarto.

_____

2. Primero me baño y luego me visto.

_____

3. Para ir al colegio llevo pantalones vaqueros y una camisa.

_____

4. Después del colegio me entreno todos los días.

_____

5. Por la noche siempre me acuesto temprano.

_____

23 Vas a participar en un concurso *(contest).* Tienes que escribir un párrafo sobre tus vacaciones ideales en un país de habla española *(Spanish-speaking)* que estudiaste este año. Escribe seis oraciones o más. ¿Adónde vas? ¿Qué ropa llevas? ¿Con quién vas? ¿Qué haces allí? ¿Qué comes? ¿Qué tiempo hace?

_____
_____
_____
_____
_____
_____
_____
_____
_____
_____
_____
_____
_____

¡Invéntate!

¡Invéntate!

1. CREATE A CHARACTER

In this activity you will create an identity for yourself to use throughout the
¡Invéntate! section of this workbook. Think who you would like this character
to be: your real self, another person you like or admire, or someone fictional.
Now, imagine that you are this person. Write a paragraph in Spanish to introduce
yourself. Be sure to include your name, age, nationality, country and city where
you live.

_____

_____

_____

_____

_____

_____

_____

_____

_____

_____

_____

_____

_____

_____

_____

_____

_____

_____

_____

_____

_____

¡INVÉNTATE!

2. MAKE A COMIC STRIP

Think of a situation where you would make introductions. Cut out photos
from magazines or draw pictures to represent either yourself or a person you're
pretending to be and other people. Use the boxes below to create a comic strip
where the characters introduce themselves and give some personal information
such as telephone number, or e-mail addresses. You may add additional boxes.

<table>
<tr><td></td><td></td></tr>
<tr><td></td><td></td></tr>
</table>

¡Invéntate!

1. MAKE A CHARACTER WEB

In the last chapter, you created a character to write about. Think about your
character's physical and personality traits. Use the space below to make a character
web. In the center of the web, draw or paste a picture of your character. In the
outer circles, include words and phrases to describe him or her. Add more circles
as needed.

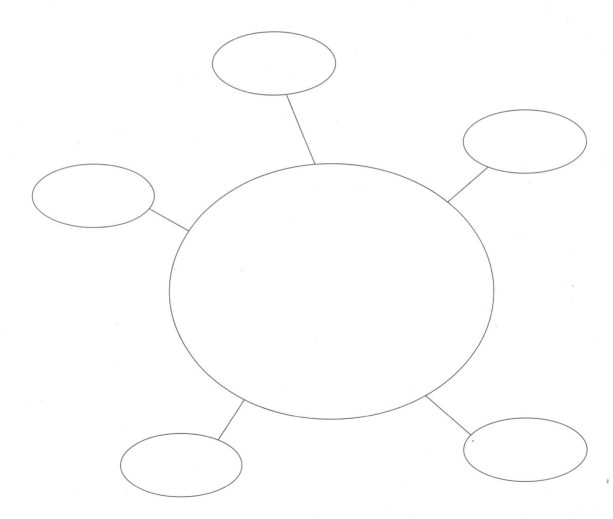

(104)

¡INVÉNTATE!

2. AN INTERNATIONAL EXCHANGE

Use your imaginary identity or your real one to write about the following situation.
You have been accepted as an exchange student in another country. You will stay
with a family there for a year, but they don't know anything about you! Write a
letter to your exchange family telling them about your likes and dislikes, such as
food, sports, movies, books, and so on. Ask about your host family's likes and
dislikes as well.

_____

_____

_____

_____

_____

_____

_____

_____

_____

_____

_____

_____

_____

_____

_____

_____

_____

_____

_____

_____

_____

_____

_____

_____

_____

(105)

¡Invéntate!

1. WRITE A PLAY

Use your imaginary identity or your real one and work with two other classmates to write a short play about yourselves. Your three characters will discuss things you like and don't like to do according to the personalities you've created. Write the script on a computer and print one copy for each person. After rehearsing your parts, present your play to the class.

_____

_____

_____

_____

_____

_____

_____

_____

_____

_____

_____

_____

_____

_____

_____

_____

_____

_____

_____

_____

_____

_____

_____

_____

_____

¡INVÉNTATE!

2. A LONG WEEKEND

Finally, your character has a four-day weekend coming up! There are lots of things to do, and you don't want to miss out on any of them, so plan your time. Find four pictures in magazines showing fun things you want to do. Cut and paste each picture below to make a calendar of the weekend. Then, describe each day's activities below the pictures.

¡Invéntate!

1. TOO MANY SCHOOL SUPPLIES!

Use your imaginary identity or your real one to complete the following project. You went shopping for school supplies, but you bought too many. Now you'd like to sell your extra supplies to other students. Make a flier with pictures of the supplies you'd like to sell. Be sure to label each item, tell how many you have of each, and indicate which classes each might be used for.

(108)

¡INVÉNTATE!

2. WRITE A LETTER

Use your imaginary identity or your real one to write a letter from your character to your Spanish teacher. Describe your weekly activities including classes, after-school activities, and weekend plans. Then put the letter in an envelope and mail it to your teacher at school. Your teacher will get all the letters and read them to the class. Try to guess whose letter is being read!

_____

_____

_____

_____

_____

_____

_____

_____

_____

_____

_____

_____

_____

_____

_____

_____

_____

_____

_____

_____

_____

_____

_____

_____

_____

¡Invéntate!

1. CREATE A FAMILY TREE

Use your imaginary identity or your own to draw your character's family tree in the space below. Include close relatives, such as parents, grandparents, sisters, brothers, aunts, uncles, and cousins. For each family member, draw or paste a magazine picture and include a caption indicating the person's name, relationship to you, and at least one physical trait.

(110)

¡INVÉNTATE!

2. DRAW A BLUEPRINT

Use your imaginary identity or your real one to describe your character's house. What is the house like? In the space below, draw a "floor plan" of the house. Include all the rooms and any outside areas, such as a patio or garden. Indicate the furniture in each room by drawing and labeling each piece. Next to each room, state the chore that has to be done there, and tell who is responsible for doing it.

1. CREATE A MENU

Use your imaginary identity or your real one. Think of your character's favorite restaurant and design a menu for it. Write the name of the restaurant, all the dishes and beverages that are served there, and the prices. Have a classmate order a meal from your menu while you play the role of server. Then, exchange roles using your classmate's menu.

(112)

¡INVÉNTATE!

2. PREPARE A MEAL

Use your imaginary identity or your real one to write about the following situation.
You are preparing a meal for guests, and your brother or sister offers to help.
Write a conversation in which you discuss what needs to be done. Continue
until the table is set and everything is ready.

_____
_____
_____
_____
_____
_____
_____
_____
_____
_____
_____
_____
_____
_____
_____
_____
_____
_____
_____
_____
_____
_____
_____
_____
_____

(113)

¡Invéntate!

CUERPO SANO, MENTE SANA

1. YOUR HEALTH

Use your imaginary identity or your real one as you do this project. Create a poster on health and hygiene for a health fair. Describe how to take good care of your body and health. Explain things that you should and should not do to stay healthy. Illustrate your poster with pictures of things to do and not to do in a healthful lifestyle.

¡INVÉNTATE!

2. GOING TO THE DOCTOR (RESEARCH ACTIVITY)

Use your imaginary identity or your real one as you work with a partner to present the following conversation. Your character volunteers as a student trainer for one of the sports teams. A player has a recurring problem and comes to you for help. You need to give your player some good advice to solve the problem. Do research in the library or on the Internet to find information that will help your partner.

_____

_____

_____

_____

_____

_____

_____

_____

_____

_____

_____

_____

_____

_____

_____

_____

_____

_____

_____

_____

_____

_____

_____

_____

_____

_____

_____

_____

_____

_____

_____

(115)

¡Invéntate!

1. A WARDROBE FOR SCHOOL

Use your imaginary identity or your real one to do the following project. You need new clothes for school. Cut out pictures of clothing that you want to buy and paste them on the page below. Write a description of each item. Be sure to indicate the size, color, and price.

¡INVÉNTATE!

2. A NEW SHOPPING MALL

Use your imaginary identity or your real one and work with two other classmates on this project. A new mall has opened in town and you have all gone there. Write a conversation in which you use the preterite to tell each other when you went to the mall, what you did there all day, what stores you went to, and what you bought. Act out your conversation in front of the class.

_____

_____

_____

_____

_____

_____

_____

_____

_____

_____

_____

_____

_____

_____

_____

_____

_____

_____

_____

_____

_____

_____

_____

_____

(117)

¡Invéntate!

1. CREATE A CALENDAR

As you do this activity, use your imaginary identity or your own. Use construction paper to make a calendar with all the important holidays for the year. Write in Spanish the name of each holiday and what you plan to do on each one. Try to include information such as the origins of each holiday and why it's special. Hang the calendar up in the classroom so that your classmates can see what you plan to do.

¡INVÉNTATE!

2. INDEPENDENCE DAY

Use your imaginary identity or your real one to write a paragraph on the following situation. You are going to organize an Independence Day celebration. It will take place in the central park in your town. Draw a map of the park with colored pencils in the space below. Indicate the games and activities that will take place. Then write an invitation so everyone will come and celebrate the holiday.

_____
_____
_____
_____
_____
_____
_____
_____
_____
_____
_____
_____

¡Invéntate!

1. A MOVIE SCRIPT

Use your imaginary identity or your real one to complete this project. Write a
film script about a trip you took. Write your conversations with other people to
show what happened during your trip (for example, you were late to the airport,
or you lost your money in the hotel).

_____

_____

_____

_____

_____

_____

_____

_____

_____

_____

_____

_____

_____

_____

_____

_____

_____

_____

_____

_____

_____

_____

_____

_____

_____

_____

_____

¡INVÉNTATE!

2. YOUR SUMMER VACATION

Use your imaginary identity or your real one to briefly describe your summer
vacation to the class. Tell where you went and with whom, how long you stayed,
and the things you did. From your experience, write a list of do's and don'ts for
other travelers going to the same place and read it as part of your presentation.

_____

_____

_____

_____

_____

_____

_____

_____

_____

_____

_____

_____

_____

_____

_____

_____

_____

_____

_____

_____

_____

_____

_____

_____

_____

_____

_____

_____

_____

_____

(121)

¡Invéntate!

1. A STORY ABOUT YOURSELF

Write a story about the life of your imaginary character or about yourself. It may be about any period in the character's life, but choose or invent a situation that is funny or dramatic, or that teaches an interesting lesson. Illustrate the story with pictures or scrap-book objects that you find or make.

_____

_____

_____

_____

_____

_____

_____

_____

_____

_____

_____

_____

_____

_____

_____

_____

_____

_____

_____

_____

_____

_____

_____

_____

¡INVÉNTATE!

2. YOUR AUTOBIOGRAPHY

Write a brief life story about your imaginary character, using the preterite tense. Write about places where you have lived and traveled, and mention some other people in your life. Illustrate your autobiography with pictures of yourself as this character and your family throughout your life.

_____

_____

_____

_____

_____

_____

_____

_____

_____

_____

_____

_____

_____

_____

_____

_____

_____

_____

_____

_____

_____

_____

_____

_____

_____

_____

_____

_____

_____

_____